कब तक मुझसे प्यार करोगे?

कब तक मुझसे प्यार करोगे?

फ़हमीदा रियाज़

प्रस्तावना एवं संकलन

रख़्शंदा जलील

वाणी प्रकाशन

वाणी प्रकाशन
4695, 21-ए, दरियागंज, नयी दिल्ली 110 002
फ़ोन : +91 11 23273167 फ़ैक्स : +91 11 23275710
शाखाएँ
अशोक राजपथ, पटना 800 004, बिहार
कॉफ़ी हाउस कैम्पस, महात्मा गांधी मार्ग, इलाहाबाद 211 001, उत्तर प्रदेश
महात्मा गांधी अन्तरराष्ट्रीय हिन्दी विश्वविद्यालय, वर्धा 442 001, महाराष्ट्र
सुल्तानिया रोड, मोतिया पार्क, भोपाल 462 001, मध्य प्रदेश
www.vaniprakashan.com
marketing@vaniprakashan.in
sales@vaniprakashan.in

Kab Tak Mujhse Pyar Karoge?
by Fahmida Riaz
Foreword & Compiled by Rakhshanda Jalil
Transliteration by Pradeep Sahil

ISBN : 978-93-90678-97-6
Nazm/Ghazal

प्रथम संस्करण 2021

मूल्य : ₹ 395

थॉमसन प्रेस (इंडिया) लि. में मुद्रित

वाणी प्रकाशन का लोगो मक़बूल फ़िदा हुसेन की कूची से

पेश लफ़्ज़

मैं आदम-ए-नौ[1] की हमसफ़र हूँ
कि जिसने जीती मेरी भरोसा भरी रिफ़ाक़त[2]

मुझे साल 2005 के आख़िरी दिनों में पहली बार फ़हमीदा रियाज़ से मिलने का इत्तिफ़ाक़ हुआ, जब उन्हें दिल्ली यूनिवर्सिटी के जामिया मिलिया इस्लामिया में तरक़्क़ीपसन्द लेखकों की एक कॉन्फ्रेंस के दौरान अपनी शायरी पढ़ने और अपनी अदबीयत पर बोलने के लिए बुलाया गया था। उनके इस सेशन से पेशतर प्रेस के साथ एक पुरलुत्फ़ गुफ़्तगू[3] के दौरान वह बड़े ही जज़्बे से लबरेज़[4] दिखायी दीं। तब उनके पास सिगरेटें ख़त्म हो गयी थीं जिसकी उन्हें सख़्त तलब महसूस हो रही थी। कुछ देर बाद, वह एक मुख़्तलिफ़ शख़्सियत नज़र आ रही थीं जो मेरी हैरतज़दा[5] आँखों के सामने बिल्कुल ही एक अलग खातून नज़र आ रही थीं। एक ऐसी तुनुकमिज़ाज, थोड़ी-सी शिकायती ख़ातून[6] जिसने एक माकूल और एक दिलकश इन्सान की सूरत इख़्तियार कर ली थी और जिसने बड़े ही असरदार, दिलों को छू लेने वाले और बेहद ज़ाती लेकिन समाजी रिश्तों को बयाँ करती शायरी का मुज़ाहिरा किया।

जितनी उम्दा शायरी वह सुना रही थीं, उसकी बनिस्बत[7] उनकी आवाज़ कहीं ज़्यादा मीठी और सुरीली लग रही थी। बाद में, जब भी मुझे उन्हें सुनने का मौक़ा नसीब हुआ, यह उनकी आवाज़ का जादू ही था जिसने मुझे मदहोश करके रख दिया था जो ख़वातीनों[8] के हक़ की बात करने वाली शायरी के लिए

इतनी मीठी और इतनी पुरसूकून[9] और नज़ाकत से लबरेज़ थी कि जिसे बयाँ करना मुमकिन न था। यहाँ पेश उनकी नज़्म को मैं ख़ासतौर पर हमेशा याद रखूँगी :

कब तक मुझसे प्यार करोगे
कब तक?
जब तक मेरे रहम[10] से बच्चे की तख़्लीक़ का ख़ून बहेगा
जब तक मेरा रंग है ताज़ा
जब तक मेरा अंग तना है
पर इसके आगे भी तो कुछ है
वो सब क्या है
किसे पता है
वहीं की एक मुसाफ़िर मैं भी
अनजाने का शौक़ बड़ा है
पर तुम मेरे साथ न होगे तब तक

उसके बाद मुझे कई दफ़ा उनसे मिलने का इत्तिफ़ाक़ हुआ (सबसे अचानक उनसे इस्ताम्बूल के टोपकापी पैलेस में मिलना हुआ, जब वह स्कॉलर-जर्नलिस्ट रज़ा रूमी के साथ सफ़र पर थीं। वहाँ हम दोनों ने परदेसी ज़मीन पर एक अजायबघर में, जहाँ पूरी दुनिया से लोग आते हैं, उर्दू ज़बान में गुफ़्तगू करने का लुत्फ़ उठाया)। कुछ सालों के बाद मैं उन्हें फ़हमीदा आपा के नाम से बुलाने लगी और कई दफ़ा मुझे उन्हें दिल्ली बुलाने की भी ख़ुशनसीबी हासिल हुई। उनसे मुलाक़ात करने का सबसे ताज़ातरीन मौक़ा मुझे नयी दिल्ली में शंकर-शाद मुशायरे में मिला। वह मुसलसल[11] इनमें शिरकत करती रही थीं और उन्होंने हमेशा अपने नाज़रीन को अपनी तिलस्मी शायरी में बाँधे रखा।

लेकिन उन्होंने हमारी पहली मुलाकात में ऐसा कुछ कहा था जिसे मैं सालों-साल भुला नहीं पायी। मैंने तब उनसे पूछा था, "क्या एक शायर या एक तख़्लीक़ी मुसन्निफ़[12] वाक़ई समाज में, लोगों के सोच-विचार के तरीक़े में या हुकूमत के काम करने

के तरीक़े में कोई फ़र्क़ ला सकता है?'' और उन्होंने मेरे इस सवाल का पूरे यक़ीन के साथ जवाब दिया था, ''हाँ, हर चीज़, हर छोटी से छोटी चीज़ फ़र्क़ ला सकती है, बेशक फ़ौरी तौर पर ऐसा नज़र न आता हो। आप ही बतायें कि आपके ख़्याल में समाज और कैसे बदलता है?'' उन्होंने उलटे मुझसे सवाल किया। और अगले ही लम्हे, उन्होंने किसी छोटी-सी लड़की की आवाज़ में लफ़्ज़ों या कहें कि अदबीयत के लिए अपनी ताउम्र की मुहब्बत के बारे में बताते हुए कहा, ''मैं प्लैट्स की उर्दू-हिन्दी इंग्लिश डिक्शनरी को भी शायरी की किसी किताब की तरह ही पढ़ती हूँ। मुझे लफ़्ज़ों से बेइन्तिहा[13] मुहब्बत है।'' आज अगर मैं पीछे मुड़कर देखूँ तो मेरे ख़याल में उनका यह थोड़े से लफ़्ज़ों में दिया गया जवाब उनकी सारी शख़्सियत को बयाँ कर देता है। उनकी अक़्लमन्दी, उनका सब्र, उनकी समझ और हाँ, उनके इक़्दाम और सियासत[14] के साथ-साथ लफ़्ज़ों के लिए उनकी अहम मुहब्बत, सब कुछ।

फ़हमीदा आपा ने कभी भी ज़िन्दगी जीने के आसान रास्ते इख़्तियार करने में यकीन नहीं किया। एक पाकिस्तानी मोहतरमा को एक शायरा होने में बहुत मुश्किलात पेश आती हैं, उसी तरह अगर आप औरतों के हकों की अलमबरदार[15], एक तरक़्क़ीपसन्द और रिवायत से हटकर चलने वाली और इन्सानी हुक़ूक़ के लिए लड़ने वाली एक जोशीली समाज सुधारक हैं तो आप यक़ीन मानें, ज़िन्दगी आप के लिए किसी भी तरह से आसान नहीं है। लेकिन फ़हमीदा आपा ने उतनी ही सहजता के साथ आसान तफ़्सीलों और जाबिर[16] हुकूमतों के बारे में बयान करके एक चुनौती पेश की है। यहाँ यह कहने की ज़रूरत नहीं कि उन्हें इन चुनौतियों के लिए एक बड़ी क़ीमत अदा करनी पड़ी। उन्हें जनरल ज़िया-उल-हक़ की दमनकारी हुकूमत के दौरान सात साल तक हिन्दुस्तान में पनाह लेने को मजबूर होना पड़ा। इस दौरान हर सियासी मशीनरी में हालात इतने ख़राब हो गये कि उनके पास न तो करने को कुछ काम था और न पैसा ही बचा था।

ऐसे वक़्त में उन्हें ईनामों और पहचान से भी महरूम[17] रखा गया जबकि उनकी बनिस्बत कम क़ाबिल लोगों को ईनामों से नवाज़ा गया। उन्हें इस दौरान कई ज़ाती[18] नुक़सान भी उठाने पड़े जिनमें सबसे बड़ा नुक़सान था 2007 में उनके बेटे का इन्तक़ाल। लेकिन यह उनका जज़्बा ही था कि इतना सब होने के बावजूद उनका क़लम रुका नहीं और इतने सख़्त वक़्त में भी उनकी आवाज़ ख़ामोश नहीं रही।

उर्दू अदब की दुनिया में एक संजीदा[19] और एक अहम आवाज़ फ़हमीदा आपा अपने पीछे बड़ी तादाद में अपना अदबी ख़ज़ाना छोड़ गयी हैं। उनकी शायरी के मजमूओं में 'पत्थर की ज़बाँ', 'बदन दरीदा', 'धूप', 'क्या तुम पूरा चाँद न देख पाओगे', 'हमरक़ाब' और 'आदमी की ज़िन्दगी' शामिल हैं। सिन्धी और फ़ारसी ज़बान से तर्जुमा[20] करने वाली एक शायरा के तौर पर उन्हें ख़ुद पर बहुत फ़ख़्र महसूस होता था। ख़ासकर उन्हें मौलाना जलालुद्दीन रूमी की मसनवी के फ़ारसी से उर्दू में अपने पहले तर्जुमे ख़ाना-ए-आब-ओ-गिल पर बहुत फ़ख़्र था। उनके नॉवेलों के साथ-साथ अफ़सानों की कई किताबें शाया[21] हुईं जैसे हिन्दुस्तान पर लिखी किताब 'गोदावरी', बांग्लादेश पर आधारित किताब 'ज़िन्दा बहार लेन'। इनके इलावा, उन्होंने सिन्धी से शायरी की किताबों के तर्जुमे के साथ-साथ नस्रनिगारी[22] की कुछ शानदार किताबें लिखीं जैसे 'ज़िन्दा बहार', जो हिन्दुस्तानी सब्कॉन्टीनेंट का सफ़रनामा, आपबीती और तवारीख़[23] का बयाँ करती है। उन्हें 1997 में ह्यूमन राइट्स वाच न्यूयॉर्क द्वारा उनके मुज़हमती[24] तेवरों वाले साहित्य के लिए हिम्मेट हेलमैन (Himmett Hellman) अवॉर्ड से नवाज़ा गया और एक लम्बे अरसे बाद, साल 2010 में ख़ुद उनके वतन ने सितारा-ए-इम्तियाज़ अवॉर्ड अता[25] करके उन्हें इज़्ज़त बख़्शी।

मैंने एक दफ़ा उनसे पूछा था कि क्या वक़्त और हालात के साथ-साथ उनके बग़ावती तेवरों में कुछ नरमी आ गयी है

तो उनका जवाब बहुत हैरान करने वाला था, ''मैंने कभी भी ख़ुद को एक बाग़ी या सरकश इन्सान नहीं समझा। एक शायर और एक तख़्लीक़कार[26] का ज़हनी दर्जा थोड़ा अलग होता है। तख़्लीक़कार वही कुछ लिखता है जिसे वह बड़ी शिद्दत के साथ महसूस करता है। मैं अब भी कई चीज़ों के बारे में बड़ी शिद्दत से महसूस करती हूँ। लेकिन वक़्त बीतने के साथ इन्सान कुछ ख़ास पहलुओं को तलाश लेता है। कई बार वे पहलू पुराने भी होते हैं। यक़ीनी तौर पर इन्सान ज़िद्दी नहीं है। मिसाल के तौर पर अब मज़हब को ही लें। पहले मैं सोचती थी कि यह कोई इन्सानी ईजाद है। अब मैं सोचती हूँ कि मुमकिन है यह सब एक खोज थी।'' हालाँकि निस्वानियत[27] पर उनके नज़रिये में कोई बदलाव नहीं आया। लेकिन यहाँ भी वह निस्वानियत की किसी एक परिभाषा से मुत्तफ़िक़ नहीं रहीं। उनके लिए निस्वानियत के मायने उन ख़वातीन से थे, "जो मर्दों की तरह ही अपनी बेइन्तहा क़ाबिलियत के साथ मुक़म्मल इन्सान थीं। दलितों और ब्लैक अमरीकियों की तरह उन्हें भी सामाजिक तौर पर बराबरी का दर्जा हासिल करना था। ख़वातीन के मामले में, यह और भी मुश्किल है। मेरे कहने का मतलब है कि उनके पास बिना किसी परेशानी के सड़क पर चलने का हक़ है। या तैराकी करने का हक़ है या किसी मोहतरम[29] की तरह ग़ैर-अख़्लाक़ी[30] समझे बिना रूमानी शायरी लिखने का हक़ है। औरत और मर्द का यह फ़र्क़ बहुत साफ़ दिखायी देता है और यह बहुत पेचीदा है, बहुत बेरहमी और हमेशा से बहुत वहशियत भरा रहा है।"

इसलिए एक औरत, एक शायरा और सामाजिक तौर पर एक बाख़बर इन्सान के तौर पर, ऐसी सोसायटी में, जिसकी दमनकारी हुकूमत में हिस्सेदारी कहीं ज़्यादा है, रहने वाली ख़ातून इस तिहरी मार को कैसे झेल सकती है? क्या हमारे अन्दर रहने वाली एक से अधिक शख़्सियतों को झुकने पर मजबूर किया जा सकता है? एक बार फिर उनके जवाब ने ऐसी अज़ीम[31] समझ की तरफ़ इशारा किया जिसने उन्हें इतनी मक़बूल[32] शायरा बनाया था।

उनका जवाब था, ''मुझे लगता है कि ये सारी खुसूसियात एक-दूसरे से ही निकलती हैं। उनका वजूद एक मुकम्मल इकाई के तौर पर रहता है। इसलिए अगर एक का वजूद ख़त्म हो जाता है तो दूसरी भी ख़ुद-ब-ख़ुद ख़त्म हो जाती है। मुझे भारत में रहते हुए इसका एहसास हुआ था। यह एक बहुत ही अनोखा और शानदार हिन्दुस्तानी फ़लसफ़ा है कि जिनके वजूद की परतें इस क़दर एक-दूसरे में जड़ें जमाये बैठी हैं कि अगर हम एक को बदलते हैं तो दूसरी ख़ुद-ब-ख़ुद बदल जाती है।''

जहाँ 'चादर और चारदीवारी' और 'अक्लीमा' जैसी उनकी नज़्मों ने फिर से सियासी और मज़हबी निज़ाम की बुनियाद को हिलाकर रख दिया, वहीं उनकी नज़्मों के मजमूए 'बदन दरीदा' ने ख़वातीनों की जिंसी[33] ख़्वाहिशात को बड़ी ही बेबाकी और कुशादगी[34] के साथ पेश करने के कारण पूरे समाज में एक सनसनी-सी पैदा कर दी। फ़हमीदा आपा ने जिस तरह लोगों से मिली तारीफ़ को क़बूल किया, उसी तरह उनके ग़ुस्से को भी सहजता से क़बूल किया। एक बार उन्होंने कहा था, ''कुछ वक़्त के बाद यह ग़ुस्सा ख़ुद-ब-ख़ुद ख़त्म हो जाता है लेकिन नज़्म ज़िन्दा रहती है।'' फ़हमीदा आपा को शायद उनकी शायरी के ज़रिये ही सबसे अच्छे तरीक़े से याद रखा जा सकता है जो लफ़्ज़ों या शायरी के लिए उनकी बेदाग़ मुहब्बत को ज़ाहिर करता है। उनके लफ़्ज़ एक ख़ास लहजे में बँधकर एक संगीतमयता पैदा करते हैं। इसके इलावा, उनकी नज़्मों में छिपे लफ़्ज़ों को शायरा जब देश और समाज के बीच कुछ मुदाख़लत[35] करने के लिए कहती है तो कुछ चीज़ें कहने की उनकी क़ाबिलियत भी संगीतमयता को जन्म देती है। मिसाल के तौर पर ग़ौर फ़रमायें :

इक दिन जो बहम होंगे
तुझसे तेरे दरमांदा
क्या अर्ज़ गुज़ारेंगे
क्या हाल सुनायेंगे

उनकी मिठास से भरी संगीतमयता की एक और मिसाल देखें जो उनकी शायरी की सबसे अहम ख़ासियत है :

बड़ी सुहानी-सी रात थी वो
हवा में अनजानी खोई-खोई महक रही थी
बहार की ख़ुशगवार हिद्दत[36] से रात गुलनार हो रही थी
रुपहले सपने से आसमाँ पर सहाब बनकर बिखर गये थे
और ऐसी इक रात एक आँगन में कोई लड़की खड़ी हुई थी
ख़ामोश तन्हा

और एक मिसाल देखें :

दिल में कब से रिमझिम करती
कैसी बरखा बरस रही है
इस बरखा के अमृत रस से
भीग चुकी मैं भीग चुकी मैं
लगती छुपती धूप और बादल

फ़हमीदा आपा की ज़बान[37] की एक ख़ासियत है उनका बड़े पैमाने पर हिन्दी लफ़्ज़ों और आम बोलचाल के मुहावरों का इस्तेमाल करना जैसे अभागन, भाग, चरण, भूमि वग़ैरह। यह कुछ तो उनकी जलावतनी[38] के वक़्त से पहले हिन्दुस्तान में रहने के कारण भी था जिससे ज़ाहिर होता है कि वह ज़बान को किस तरह से देखती थीं। उनकी उर्दू तपती हुई मिट्टी से उठती बारिश की महक और सदियों पुराने हस्सासे-अदब[39] का मधुर मिश्रण है। यही खुश्बू एक दौशीज़ा[40] की उन हथेलियों पर ताज़ा-ताज़ा लगी मेहँदी में भी है जो उस ज़मीं की ख़ुश्बुओं से लबरेज़ है जिसे इन्सानों द्वारा बनाई गयी सरहदों ने मुख़्तलिफ़[41] हिस्सों में तक़सीम[42] कर दिया है। उर्दू के तमाम शायरों में सिर्फ़ फ़हमीदा आपा ही यह लिख सकती हैं :

ओस से गीला है सब्ज़ा
कि गीले हैं मेरे दो नैन
पड़े माटी पत्थर के ढेर
वही मस्जिद मन्दिर के फेर

हिन्दुस्तान में हमारे लिए, ख़ासकर ध्रुवीकरण के जिस दौर में हम रहते हैं, शायद उन्हें याद करने का सबसे बेहतरीन तरीक़ा यह है कि हम अक्सर उनकी इस नज़्म को दोहरायें जो उन्होंने सात बरस तक हमारे बीच रहते हुए हमारे लिए लिखी थी और जिसे वे रुख़सती के एक तोहफ़े के तौर पर हमारे लिए छोड़ गयी हैं :

तुम बिल्कुल हम जैसे निकले
अब तक कहाँ छुपे थे भाई
वो मूरखता वो घामड़पन
जिसमें हमने सदी गँवाई
आख़िर पहुँची द्वार तुम्हारे
अरे बधाई बहुत बधाई

फ़हमीदा आपा ने 21 नवम्बर 2018 को इस फ़ानी दुनिया में आख़िरी साँस ली लेकिन उनकी शायरी की शक्ल में उनके लफ़्ज़ पीछे हमारे पास रह गये हैं : ये लफ़्ज़ कई दफ़ा हमें बड़ी नरमी से झिड़कते हैं और कई मौक़ों पर बड़े ज़ालिमाना तरीक़े से हमारे जज़्बात को भड़काते हैं लेकिन उनमें हमेशा ज़िन्दा सच्चाइयाँ पिन्हा होती हैं। हमें उम्मीद है कि हमारी यह पेशकश उस शायरा की दुनिया में एक खिड़की खोलेगी जो मुसल्सल[43] हमसे सवाल करती है, जाँच-पड़ताल करती है और लफ़्ज़ों से उनके मायने निकालती है।

नयी दिल्ली

–डॉ. रख़्शंदा जलील

---

1. आधुनिक मनुष्य, 2. सानिध्य, 3. मज़ेदार बातचीत, 4. भरपूर, 5. आश्चर्य चकित, 6. महिला, 7. तुलना में, 8. महिलाओं, 9. शान्त, 10. गर्भाशय, 11. लगातार, 12. रचनाकार, 13. अत्यन्त, 14. राजनीति, 15. प्रतिनिधि, 16. तानाशाह, 17. वंचित, 18. व्यक्तिगत, 19. गम्भीर, 20. अनुवाद, 21. प्रकाशित, 22. गद्य–लेखन, 23. इतिहास, 24. विद्रोही, 25. प्रदान, 26. रचनाकार, 27. महिला लेखन, 28. सहमत, 29. सम्मानित पुरुष, 30. अशिष्ट, 31. महान, 32. विख्यात, 33. सेक्स सम्बन्धी, 34. खुलापन, 35. हस्तक्षेप, 36. गरमाहट, 37. भाषा, 38. देश-निकाला, 39. साहित्य की सम्वेदनशीलता, 40. कुँआरी, 41. विविध, 42. विभाजित, 43 लगातार।

अनुक्रम

नज़्में

ग़ज़लें

नज़्में

पत्थर की ज़बान

इसी अकेले पहाड़ पर तू मुझे मिला था
यही बुलन्दी है वस्ल तेरा
यही है पत्थर मिरी वफ़ा का
उजाड़ चटयल उदास वीराँ
मगर मैं सदियों से, इससे लिपटी हुई खड़ी हूँ
फटी हुई ओढ़नी में साँसें तिरी समेटे
हवा के वहशी बहाओ पर उड़ रहा है दामन
सँभाल लेती हूँ पत्थरों को गले लगाकर
नुकीले पत्थर
जो वक़्त के साथ मेरे सीने में इतने गहरे उतर गये हैं
कि मेरे जीते लहू से सब आस–पास रंगीन हो गया है
मगर मैं सदियों से इससे लिपटी हुई खड़ी हूँ
और एक ऊँची उड़ान वाले परिन्द के हाथ
तुझको पैग़ाम भेजती हूँ
तू आ के देखे
तो कितना ख़ुश हो
कि संग–रेज़े[1] तमाम याकूत[2] बन गये हैं
दमक रहे हैं
गुलाब पत्थर से उग रहा है

---

1. कंकर–पत्थर, 2. नगीना।

एक रात की कहानी

बड़ी सुहानी–सी रात थी वो
हवा में अनजानी खोयी खोयी महक रची थी
बहार की ख़ुशगवार हिद्दत से रात गुलनार हो रही थी
रुपहले सपने से आसमाँ पर सहाब बनकर बिखर गये थे
और ऐसी इक रात एक आँगन में कोई लड़की खड़ी हुई थी
ख़ामोश तनहा
वो अपनी नाज़ुक हसीन सोचों के शहर में खो के रह गयी थी
धनक[1] के सब रंग उसकी आँखों में भर गये थे
वो ऐसी ही रात थी कि राहों में उसकी मोती बिखर गये थे
हज़ार अछूते कुँवारे सपने
नज़र में उसकी चमक रहे थे
शरीर[2]–सी रात उसको चुपके से वो कहानी सुना रही थी
कि आज
वो अपनी चूड़ियों की खनक से शरमायी जा रही थी

---

1. सूर्योदय, 2. शरारती।

इस गली के मोड़ पर

इस गली के मोड़ पर इक अज़ीज़ दोस्त ने
मेरे अश्क पोंछकर
आज मुझसे ये कहा
यूँ न दिल जलाओ तुम
लूट–मार का है राज
जल रहा है कुल समाज
ये फ़िज़ूल रागिनी
मुझको मत सुनाओ तुम
बुर्ज़वा समाज है
लूट–मार चोरियाँ इसका वस्फ़–ए–ख़ास[1] है
इसको मत भुलाओ तुम
इंक़लाब आयेगा
उससे लौ लगाओ तुम
हो सके तो आजकल माल कुछ बनाओ तुम
खाई से निकलने की आरज़ू से पेश–तर[2]
देख लो ज़रा जो है दूसरी तरफ़ है गढ़ा है
आज हैं जो हुक्मराँ उनसे बढ़ के ख़ौफ़नाक उनके सब रक़ीब हैं[3]
दनदना रहे हैं जो लेकर हाथ में छुरा
शुक्र का मक़ाम है
मेरी मस्ख़[4] लाश आपको कहीं मिली नहीं

इक गली के मोड़ पर
मैंने पूछा वाक़ई

सुन के मुस्करा दिया कितनी देर हो गयी
लीजिए मैं अब चला उसके बाद अब क्या हुआ
खड़खड़ायीं हड्डियाँ
उस गली के मोड़ से वो कहीं चला गया

---

1. विशेष ख़ूबी, 2. पहले, 3. विपक्षी, 4. विकृत।

बैठा है मेरे सामने वो

बैठा है मेरे सामने वो
जाने किसी सोच में पड़ा है
अच्छी आँखें मिली हैं उसको
वहशत करना भी आ गया है
बिछ जाऊँ मैं उसके रास्ते में
फिर भी क्या इससे फ़ायदा है
हम दोनों ही ये तो जानते हैं
वो मेरे लिए नहीं बना है
मेरे लिए उसके हाथ काफ़ी
उसके लिए सारा फ़लसफ़ा है
मेरी नज़रों से है परेशाँ
ख़ुद अपनी कशिश से ही ख़फ़ा है
सब बात समझ रहा है लेकिन
गुमसुम–सा मुझको देखता है
जैसे मेले में कोई बच्चा
अपनी माँ से बिछड़ गया है
उसके सीने में छुप के रोऊँ
मेरा दिल तो ये चाहता है
कैसा ख़ुश–रंग फूल है वो
जो उसके
लबों पे खिल रहा है
या रब वो मुझे कभी न भूले
मेरी तुझसे यही दुआ है

तुम बिल्कुल हम जैसे निकले

तुम बिल्कुल हम जैसे निकले
अब तक कहाँ छुपे थे भाई
वो मूरखता वो घामड़पन
जिसमें हमने सदी गँवाई
आख़िर पहुँची द्वार तुम्हारे
अरे बधाई बहुत बधाई
प्रेत धर्म का नाच रहा है
क़ायम हिन्दू राज करोगे
सारे उल्टे काज करोगे
अपना चमन ताराज करोगे
तुम भी बैठे करोगे सोचा
पूरी है वैसी तय्यारी
कौन है हिन्दू कौन नहीं है
तुम भी करोगे फ़तवे जारी
होगा कठिन यहाँ भी जीना
दाँतों तले आयेगा पसीना
जैसी–तैसी कटा करेगी
यहाँ भी सबकी साँस घुटेगी
भाड़ में जाये शिक्षा–विक्षा
अब जाहिलपन के गुण गाना
आगे गढ़ा है ये मत देखो

वापस लाओ गया ज़माना
मश्क़[1] करो तुम आ जायेगा
उल्टे पाँव चलते जाना
ध्यान न दूजा मन में आए
बस पीछे ही नज़र जमाना
एक जाप–सा करते जाओ
बारम–बार यही दोहराओ
कैसा वीर महान था भारत
कितना आलीशान था भारत
फिर तुम लोग पहुँच जाओगे
बस परलोक पहुँच जाओगे
हम तो हैं पहले से वहाँ पर
तुम भी समय निकालते रहना
अब जिस नर्क में जाओ वहाँ से
चिट्ठी–विट्ठी डालते रहना

---

1. कोशिश, अभ्यास।

सोच

रात इक रंग है इक राग है इक ख़ुश्बू है
मेहरबाँ रात मिरे पास चली आयेगी
रात का नर्म तनफ़्फ़ुस[1] मुझे छू जायेगा
दूधिया फूल चम्बेली के महक उठेंगे
रात के साथ मिरा ग़म भी चला आयेगा

---

1. साँसों का आना–जाना।

मेरे हाथ

दिल में कब से रिमझिम करती
कैसी बरखा बरस रही है
इस बरखा के अमृत रस से
भीग चुकी मैं, भीग चुकी मैं
लगती छुपती धूप और बादल
ये आकाश के नन्हे बालक
खेल रहे हैं हँसते–हँसते
किलकारी भरते सब्ज़े को
शोख़ हवाएँ छेड़ रही हैं
मैं भी अपने पंख झटक कर
पर तौलूँ और भरूँ उड़ानें
अपने बदन में ख़ुद खो जाऊँ
ये तन का आकाश ये धरती
धीरे–धीरे फैल रही है
और मेरे हाथों के पखेरू
ये चंचल बेचैन परिन्दे
एक अनोखे राज़ से बे–कल
धरती में कुछ ढूँढ़ रहे हैं
ढूँढ़ रहे हैं ऐसे पल को
जिसकी खोज में दिल रहता है
जिस पल धरती मिले गगन से

वो पल मेरे तन के बाहर
कहीं नहीं है कहीं नहीं है
ये पंछी ये नर्म पखेरू
जन्मों से धरती के संगी
इस काया के ताल किनारे
धीरे धीरे ढूँढ़ रहे हैं
खोये हुए पल का कंकरियाँ

दिल्ली तिरी छाँव...

दिल्ली! तिरी छाँव बड़ी क़हरी[1]
मिरी पूरी काया पिघल रही
मुझे गले लगाकर गली–गली
धीरे से कहे, "तू कौन है री?"
मैं कौन हूँ माँ तिरी जायी हूँ
पर भेस नये से आयी हूँ
मैं रमती पहुँची अपनों तक
पर प्रीत पराई लायी हूँ
तारीख़[2] की घोर गुफाओं में
शायद पाये पहचान मिरी
था बीज में देस का प्यार घुला
परदेस में क्या–क्या बेल चढ़ी
नस–नस में लहू तो तेरा है
पर आँसू मेरे अपने हैं
होंठों पर रही तिरी बोली
पर नैन में सिन्ध के सपने हैं
मन माटी जमुना घाट की थी
पर समझ ज़रा उसकी धड़कन
इसमें कारूंझर की सिसकी
इसमें हो के डालता चल तन!
तिरे आँगन मीठा कुआँ हँसे

क्या फल पाये मिरा मन रोगी
इक रीत नगर से मोह मिरा
बसते हैं जहाँ प्यासे जोगी
तिरा मुझसे कोख का नाता है
मिरे मन की पीड़ा जान ज़रा
वो रूप दिखाऊँ तुझे कैसे
जिस पर सब तन–मन वार दिया
क्या गीत हैं वो कोहसारों[3] के
क्या घाइल उनकी बानी है
क्या लाज रँगी वो फटी चादर
जो थर्की तपत ने तानी है
वो घाव–घाव तन उनके
पर नस–नस में अग्नि दहकी
वो बाट घिरी संगीनों से
और झपट शिकारी कुत्तों की
हैं जिनके हाथ पर अंगारे
मैं उन बनजारों की चीरी
माँ उनके आगे कोस कड़े
और सर पे कड़कती दो–पहरी
मैं बन्दी बाँधूँ की बाँदी
वो बन्दीख़ाने तोड़ेंगे
है जिन हाथों में हाथ दिया
सो सारी सलाख़ें मोड़ेंगे
तू सदा सुहागन हो माँ री!
मुझे अपनी तोड़ निभाना है
री दिल्ली छूकर चरण तिरे
मुझको वापस मुड़ जाना है

---

1. क्रूर, 2. इतिहास, 3. पहाड़ों।

अब सो जाओ

अब सो जाओ
और अपने हाथ को मेरे हाथ में रहने दो
तुम चाँद से माथे वाले हो
और अच्छी क़िस्मत रखते हो
बच्चे की सी भोली सूरत
अब तक ज़िद करने की आदत
कुछ खोयी–खोयी सी बातें
कुछ सीने में चुभती यादें
अब इन्हें भुला दो सो जाओ
और अपने हाथ को मेरे हाथ में रहने दो
सो जाओ तुम शहज़ादे हो
और कितने ढेरों प्यारे हो
अच्छा तो कोई और भी थी
अच्छा फिर बात कहाँ निकली
कुछ और भी यादें बचपन की
कुछ अपने घर के आँगन की
सब बतला दो फिर सो जाओ
और अपने हाथ को मेरे हाथ में रहने दो
ये ठण्डी साँस हवाओं की
ये झिलमिल करती ख़ामोशी
ये ढलती रात सितारों की
बीते न कभी तुम सो जाओ
और अपने हाथ को मेरे हाथ में रहने दो

अक़्लीमा

अक़्लीमा[1]
जो हाबील[2] की क़ाबील[3] की माँ–जायी है
माँ–जायी
मगर मुख़्तलिफ़[4]
मुख़्तलिफ़ बीच में रानों[5] के
और पिस्तानों[6] के उभारों में
और अपने पेट के अन्दर
अपनी कोख में
इन सबकी क़िस्मत क्यूँ है
इक फ़र्बा भेड़ के बच्चे की क़ुर्बानी
वो अपने बदन की क़ैदी
तपती हुई धूप में जलते
टीले पर खड़ी हुई है
पत्थर पर नक़्श बनी है
उस नक़्श को ग़ौर से देखो
लम्बी रानों से ऊपर
उभरे पिस्तानों से ऊपर
पेचीदा कोख से ऊपर
अक़्लीमा का सर भी है

अल्लाह कभी अक़्लीमा से भी कलाम करे
और कुछ पूछे

---

1. आदम की बेटी, 2. आदम का पुत्र, 3. आदम का पुत्र, 4. अलग, 5. जाँघों, 6. स्तनों।

ज़बानों का बोसा

ज़बानों[1] के रस में ये कैसी महक है
ये बोसा[2] कि जिससे मोहब्बत की सहबा[3] की उड़ती है ख़ुश्बू
ये बदमस्त ख़ुश्बू जो गहरा गुनूदा[4] नशा ला रही है
ये कैसा नशा है
मेरे ज़ेहन के रेज़े–रेज़ में एक आँख–सी खुल गयी है
तुम अपनी ज़बाँ मेरे मुँह में रखे जैसे पाताल से मेरी जाँ खींचते हो
ये भीगा हुआ गर्म–ओ–तारीक[5] बोसा
अमावस की काली बरसती हुई रात जैसे उमड़ती चली आ रही है
कहीं कोई साअत[6] अज़ल[7] से रमीदा[8]
मिरी रूह के दश्त में उड़ रही थी
वो साअत क़रीं–तर[9] चली आ रही है
मुझे ऐसा लगता है
तारीकियों के
लरज़ते हुए पुल को
मैं पार करती चली जा रही हूँ
ये पुल ख़त्म होने को है
और अब
उसके आगे
कहीं रौशनी है

---

1. भाषाओं, 2. चुम्बन, 3. मदिरा, 4. गाढ़ा, 5. प्रगाढ़, 6. घड़ी, 7. आदिकाल, 8. भागती हुई, 9. बहुत पास।

बर्फ़बारी की रुत

यहीं तो कहीं पर
तुम्हारे लबों ने
मिरे सर्द होंटों से बर्फ़ीले ज़र्रे चुने थे
उसी पेड़ की छाल पर हाथ रखकर
हम इक दिन खड़े थे
यहीं बर्फ़बारी में हम लड़खड़ाते हुए जा रहे थे
महक ताज़ा बोसों की सर में समाये
हम–आग़ोशी[1] जिस्म–ओ–जाँ के नशे में
गयी बर्फ़बारी की रुत
और पिघलती हुई बर्फ़ भी बह गई सब
यहाँ कुछ नहीं अब
कि हर शय नयी है
हटाकर रिदा[2] बर्फ़ की घास लहरा रही है
हरी पत्तियों की घनी टहनियों में
हवा जब चले तो
गये मौसमों से गुज़रती
हमारी हँसी गूँजती है

---

1. आलिंगनबद्ध, 2. चादर।

लाओ हाथ अपना लाओ ज़रा

लाओ हाथ अपना लाओ ज़रा
छू के मेरा बदन
अपने बच्चे के दिल का धड़कना सुनो
नाफ़ के उस तरफ़
उसकी जुम्बिश[1] को महसूस करते हो तुम
बस यहीं छोड़ दो
थोड़ी देर और उस हाथ को मेरे ठण्डे बदन पर यहीं छोड़ दो
मेरे बे–कल नफ़स को क़रार आ गया
मेरे ईसा मिरे दर्द के चारागर[2]
मेरा हर मू–ए–तन[3]
उस हथेली से तस्कीन[4] पाने लगा
उस हथेली के नीचे मिरा लाल करवट–सी लेने लगा
उँगलियों से बदन उसका पहचान लो
तुम उसे जान लो
चूमने दो मुझे अपनी ये उँगलियाँ
उनकी हर पोर को चूमने दो मुझे
नाख़ूनों को लबों से लगा लूँ ज़रा
फूल लाती हुई ये हरी उँगलियाँ
मेरी आँखों से आँसू उबलते हुए
उनसे सींचूँगी मैं
फूल लाती हुई उँगलियों की जड़ें चूमने दो मुझे

अपने बाल अपने माथे का चाँद अपने लब
ये चमकती हुई काली आँखें
मिरे काँपते होंठ मेरी छलकती हुई आँख को देखकर कितनी हैरान हैं
तुमको मा'लूम क्या तुमको मा'लूम क्या
तुमने जाने मुझे क्या से क्या कर दिया
मेरे अन्दर अँधेरे का आसेब[5] था
या कराँ ता कराँ[6] एक अनमिट ख़ला[7]
यूँ ही फिरती थी मैं
ज़ीस्त[8] के ज़ाइक़े को तरसती हुई
दिल में आँसू भरे सब पे हँसती हुई
तुमने अन्दर मिरा इस तरह भर दिया
फूटती है मिरे जिस्म से रौशनी
सब मुक़द्दस किताबें जो नाज़िल[9] हुईं
सब पयम्बर जो अब तक उतारे गये
सब फ़रिश्ते कि हैं बादलों से परे
रंग संगीत सर फूल कलियाँ शजर[10]
सुब्ह–दम पेड़ की झूमती डालियाँ
उनके मफ़्हूम[11] जो भी बताये गये
ख़ाक पर बसने वाले बशर को मसर्रत[12] के जितने भी नग़्मे सुनाये गये
सब ऋषि सब मुनि अंबिया औलिया
ख़ैर के देवता हुस्न नेकी ख़ुदा
आज सब पर मुझे
ए'तिबार आ गया, ए'तिबार आ गया

---

1. हलचल, 2. चिकित्सक, 3. रोम रोम, 4. तृप्ति, सुकून, 5. प्रेत, 6. इस छोर से उस छोर तक, 7. शून्य, 8. ज़िन्दगी, 9. अवतरित, 10. वृक्ष, 11. अर्थ, 12. खुशी।

एक लड़की से

संग–दिल[1] रिवाजों की
ये इमारत–ए–कोहना[2]
अपने आप पर नादिम[3]
अपने बोझ से लर्ज़ां[4]
जिसका ज़र्रा ज़र्रा है
ख़ुद–शिकस्तगी सामाँ[5]
सब ख़मीदा[6] दीवारें
सब झुकी हुई गुड़ियाँ

संग–दिल रिवाजों के
ख़स्ता–हाल ज़िंदाँ[7] में
इक सदा–ए–मस्ताना[8]
एक रक़्स–ए–रिंदाना[9]
ये इमारत–ए–कोहना टूट भी तो सकती है

ये असीर–ए–शहज़ादी[10] छूट भी तो सकती है

---

1. पत्थर दिल, 2. पुरानी इमारत, 3. लज्जित, 4. काँपती हुई, 5. अपने आप ही टूटती हुई, 6. झुकी हुई, 7. कारागार, 8. मस्ताना आवाज़, 9. शराबियों जैसा नाच, 10. बन्दी शहज़ादी।

कब तक

कब तक मुझसे प्यार करोगे
कब तक?
जब तक मेरे रहम[1] से बच्चे की तख़्लीक़[2] का ख़ून बहेगा
जब तक मेरा रंग है ताज़ा
जब तक मेरा अंग तना है
पर इसके आगे भी तो कुछ है
वो सब क्या है
किसे पता है
वहीं की एक मुसाफ़िर मैं भी
अनजाने का शौक़ बड़ा है
पर तुम मेरे साथ न होगे तब तक

---

1. गर्भाशय, 2. निर्मिति, निर्माण, रचना।

चादर और चारदीवारी

हुज़ूर मैं इस सियाह चादर का क्या करूँगी
ये आप क्यूँ मुझ को बख़्शते हैं ब–सद इनायत[1]

न सोग में हूँ कि उसको ओढ़ूँ
ग़म–ओ–अलम[2] ख़ल्क़[3] को दिखाऊँ
न रोग हूँ मैं कि इसकी तारीकियों में ख़िफ़्फ़त[4] से डूब जाऊँ
न मैं गुनहगार हूँ न मुजरिम
कि इस स्याही की मेहर अपनी जबीं[5] पे हर हाल में लगाऊँ
अगर न गुस्ताख़ मुझको समझें
अगर मैं जाँ की अमान[6] पाऊँ
तो दस्त–बस्ता[7] करूँ गुज़ारिश
कि बन्दा–परवर
हुज़ूर के हुजरा–ए–मुअत्तर[8] में एक लाशा पड़ा हुआ है
न जाने कब का गला सड़ा है
ये आपसे रहम चाहता है
हुज़ूर इतना करम तो कीजे
सियाह चादर मुझे न दीजिए
सियाह चादर से अपने हुजरे की बे–कफ़न लाश ढाँप दीजिए
कि उससे फूटी है जो उफ़ूनत[9]

वो कूचे–कूचे में हाँफती है
वो सर पटकती है चौखटों पर
बरहनगी़ तन की ढाँपती है
सुनें ज़रा दिल–ख़राश चीख़ें
बना रही हैं अजब हयूले
जो चादरों में भी हैं बरहना

ये कौन हैं जानते तो होंगे
हुज़ूर पहचानते तो होंगे

ये लौंडियाँ हैं
कि यर्ग़माली[11] हलाल शब–भर रहे हैं
दम–ए–सुब्ह दर–ब–दर हैं
हुज़ूर के नुतफ़े[12] को मुबारक़ के निस्फ़ विर्सा से बे–मो'तबर[13] हैं
ये बीबियाँ हैं
कि ज़ौजगी[14] का ख़िराज[15] देने
क़तार–अन्दर–क़तार बारी की मुन्तज़िर[16] हैं
ये बच्चियाँ हैं
कि जिनके सर पर फिरा जो हज़रत का दस्त–ए–शफ़क़त[17]
तो कमसिनी के लहू से रीश–ए–सफेद[18] रंगीन हो गयी है
हुज़ूर के हजला–ए–मोअत्तर[19] में ज़िन्दगी ख़ून रो गयी है
पड़ा हुआ है जहाँ ये लाशा
तवील[20] सदियों से क़त्ल–ए–इन्सानियत का ये ख़ूँ–चकाँ[21] तमाशा
अब इस तमाशा को ख़त्म कीजे
हुज़ूर अब इसको ढाँप दीजिए

सियाह चादर तो बन चुकी है मिरी नहीं आपकी ज़रूरत

कि इस ज़मीं पर वजूद मेरा नहीं फ़क़त इक निशान–ए–शहवत[22]
हयात[23] की शाह–राह पर जगमगा रही है मिरी ज़ेहानत[24]
ज़मीन के रुख़ पर जो है पसीना तो झिलमिलाती है मेरी मेहनत

ये चारदीवारियाँ ये चादर गली–सड़ी लाश को मुबारक
खुली फ़ज़ाओं में बादबाँ खोलकर बढ़ेगा मिरा सफ़ीना[25]
मैं आदम–ए–नौ[26] की हमसफ़र हूँ
कि जिसने जीती मिरी भरोसा–भरी रिफ़ाक़त[27]

---

1. बड़ी मेहरबानी के साथ, 2. दुख–दर्द, 3. दुनिया, 4. कुपोषण, 5. माथा, 6. सुरक्षा, 7. करबद्ध, 8. सुगन्धित कक्ष, 9. बदबू, सड़ांध, 10. नंगापन, 11. राजवंशी, 12. वंश, 13. अविश्वसनीय, 14. स्वामीत्व, 15. सम्मान, 16. प्रतीक्षारत, 17. मुहब्बत भरा हाथ, 18. सफ़ेद दाढ़ी, 19. सुगन्धित कक्ष, 20. लम्बी, 21. रक्त रंजित, 22. सम्भोग की वस्तु, 23. ज़िन्दगी, 24. समझदारी, 25. समुद्री जहाज़, 26. आधुनिक मानव, 27. नज़दीकी।

उसका दिल तो अच्छा दिल था

एक है ऐसी लड़की जिससे तुमने हँसकर बात न की
कभी न देखा उसकी आँखों में चमके कैसे मोती
कभी न सोचा तुमसे ऐसी बातें वो क्यूँ कहती है
कभी न समझा मिलते हो तो घबरायी क्यूँ रहती है
कैसे उस रुख़सार की रंगत सरसों जैसी ज़र्द हुई
जब तक मिली नहीं थी तुमसे वो ऐसी तनहा तो न थी
मिलकर आँख बहाने से वो कब तक आँसू रोकेगी
उसके होंठों की लर्ज़िश[1] भी तुमने कभी नहीं देखी
क्यूँ ऐसी सुनसान सड़क पर उसे अकेला छोड़ दिया
उसका दिल तो अच्छा दिल था जिसको तुमने यूँ तोड़ दिया
वो कुछ नादिम[2] वो कुछ हैराँ रास्ता ढूँढ़ा करती थी
ढलती धूप में अपना बे–कल साया देख के हँसती थी
आख़िर सूरज डूब गया और राह में उसको शाम हुई

---

1. कम्पन, 2. लज्जित।

इश्क़ आवारा-मिज़ाज

इश्क़ आवारा–मिज़ाज
वो मुसाफ़िर तो गया
न कोई उसकी महक है कि जो दे उसका पता
न कोई नक़्श–ए–कफ़–ए–पा[1]
न कोई उसका निशाँ
कोई तल्ख़ी[2] भी तह–ए–जाम न छोड़ी उसने
ज़िन्दगी बाक़ी है
एक संजीदा हँसी
सोच–सी दिल में बसी
तेज़ आयी हुई साँस
ज़ेहन में थोड़े से वक़्फ़े[3] से खटकती हुई फाँस
और दुखता हुआ दिल
चोट थी जिस पे लगी
चोट वैसी तो नहीं
दर्द बाक़ी तो नहीं
लाख माने न मगर
कुछ पशेमान–सा दिल
यूँ बदल जाने पर

आप हैरान–सा दिल
उसको क्या अपना पता
ये हैं इन्सान का दिल
कोई पत्थर तो नहीं
जिस पे मिटती नहीं पड़ जाये जो इक बार लकीर

---

1. हाथ या पैर का निशान, 2. कड़वाहट, 3. अन्तराल।

आलम-ए-बर्ज़ख़

ये तो बर्ज़ख़[1] है यहाँ वक़्त की ईजाद कहाँ
इक बरस था कि महीना हमें अब याद कहाँ
वही तपता हुआ गर्दूं[2] वही अंगारा ज़मीं
जा–बा–जा[3] तिश्ना–ओ–आशुफ़्ता[4] वही ख़ाक–नशीं[5]
शब–गराँ[6] ज़ीस्त–गराँ–तर[7] ही तो कर जाती थी
सूदख़ोरों की तरह दर पे सहर आती थी
ज़ीस्त करने की मशक़्क़त ही हमें क्या कम थी
मुस्ताज़ाद[8] उस पे पिरोहित का जुनून–ए–ताज़ा
सबको मिल जाये गुनाहों का यहीं ख़म्याज़ा
ना–रवादार[9] फ़ज़ाओं की झुलसती हुई लू!
मोहतसिब[10] कितने निकल आये घरों से हर सू
ताड़ते हैं किसी चेहरे पे तरावत[11] तो नहीं
कोई लब नम तो नहीं बशर पे फ़रहत[12] तो नहीं
कूचा–कूचा में निकाले हुए ख़ूनी दीदे
गुर्ज़[13] उठाये हुए धमकाते फिरा करते हैं
नौ–ए–आदम से बहर–तौर रिया[14] के तालिब
रूह बेज़ार है क्यूँ छोड़ न जाये क़ालिब[15]
ज़िन्दगी अपनी इस तौर जो गुज़री 'ग़ालिब'
हम भी क्या याद करेंगे कि ख़ुदा रखते थे

---

1. मध्यस्थ, बीच का, 2. आकाश, 3. जगह–जगह, 4. प्यासा और व्याकुल, 5. धूल–धूसरित, 6. रात भारी, 7. ज़िन्दगी और ज़्यादा भारी, 8. थोपा हुआ, 9. अनुचित, 10. हिसाब माँगने वाले, 11. ताज़गी, 12. ख़ुशी, 13. शस्त्र।

पूर्वांचल

मशरिक़ी[1] यूपी कर्फ़्यू में
ये धरती कितनी सुन्दर है
ये सुन्दर और दुखी धरती
ये धानी आँचल पूरब का
तेज़ रफ़्तार रेल के साथ
हवा में उड़ता जाता है
पड़ा झिल–मिल लहराता है
दूर तक हरे खेत खलिहान
ये धरती औरत कोई किसान
सँभाले सर पर भारी बोझ
चली है खेत से घर की ओर
वही घर जिसकी छत पर आज
क्रोध का गिध मँडराता है
झपट कर पर फैलाता है
ओस से गीला है सब्ज़ा
कि गीले हैं मेरे दो नैन
पड़े माटी पत्थर के ढेर
वही मस्जिद मन्दिर के फेर
तने लोगों के तेवर देख
इसी धरती पर सोया पूत
जागकर तुम्हें मनाता है

'कबीरा' कुछ समझाता है
जहाँ हों नफ़रत के घमासान
नहीं रहते उस जा[2] भगवान
नहीं करता है नज़र रहीम
नहीं करते हैं फेरा राम
तुम्हारी मिन्नत करता है
ख़ाक पर सीस झुकाता है
'कबीरा' कुछ समझाता है
इसी सरजू नदिया के पार
कमल–कुंजों पर जहाँ बहार
खड़े हैं हरे बाँस के झुण्ड
गड़ा है गौतम का सन्देश
खिले हैं जहाँ बसन्ती फूल
खुदा है पत्थर पर उपदेश
अड़े जब दो फ़िर्क़ों[3] की आन
तुले हों दे देने पर जान
है असली जीत की बस ये रीत
कि दोनों जायें बराबर जीत
नतीजा–ख़ेज़ यही अंजाम
न समझो वर्ना जंग तमाम
हुई जिस युद्ध में इक की हार
वो होता रहेगा बारम्बार
न दोनों जब तक मिट जायें
न दोनों जायें बराबर हार
यही टकराव का है क़ानून
यही गौतम का उत्तम ज्ञान
कि जिसके आगे एक जहान
अदब से सीस झुकाता है
तुम्हीं तो वारिस थे इसके

तुम्हें क्यूँ बिसरा जाता है
सजे रहनुमा[4] के सर दस्तार[5]
पड़ें पाण्डव के गले में हार
जले हैं जिन के चूल्हे रोज़
भरे हैं जिन के सदा भण्डार
अरे तू मूरख क्यूँ हर बार
जानकर धोखा खाता है
लहू में आप नहाता है

---

1. पूर्वी, 2. जगह, 3. सम्प्रदायों, 4. मार्गदर्शक, 5. पगड़ी।

मुक़ाबला-ए-हुस्न

कूल्हों में भँवर जो हैं तो क्या है
सर में भी है जुस्तुजू[1] का जौहर
था पारा–ए–दिल भी ज़ेर–ए–पिस्ताँ[2]
लेकिन मिरा मोल है जो इन पर
घबरा के न यूँ गुरेज़–पा[3] हो
पैमाइश मेरी ख़त्म हो जब
अपना भी कोई उज़्व[4] नापो!

---

1. जिज्ञासा, खोज, 2. स्तनों के नीचे, 3. पीछे हटना, 4. अंग, हिस्सा।

पछतावा

ख़ुदा–ए–हर–दो–जहाँ[1] ने जब आदमी को पहले–पहल सज़ा दी
बहिश्त[2] से जब उसे निकाला
तो उस को बख़्शा गया ये साथी
ये ऐसा साथी है जो हमेशा ही आदमी के क़रीं[3] रहा है
तमाम अदवार[4] छान डालो
रिवायतों[5] में हिकायतों[6] में
अज़ल[7] से तारीख़[8] कह रही है
कि आदमी की जबीं[9] हमेशा नदामतों[10] से अरक़ रही है
वो वक़्त जब से कि आदमी ने
ख़ुदा की जन्नत में शजर–ए–मम्नूआ[11] चख लिया
और
सरकशी[12] की
तभी से इस फल का ये कसीला ज़ाइक़ा
आदमी के काम–ओ–दहन[13] में हिर–फिर के आ रहा है
मगर नदामत[14] के तल्ख़ से ज़ाइक़े से पहले गुनाह की बेपनाह लज़्ज़त

---

1. परमेश्वर, 2. जन्नत, 3. क़रीब, 4. दौर, 5. परम्पराओं, 6. कहानियों, 7. आदिकाल, 8. इतिहास, 9. मस्तक, 10. प्रतिबन्धित, 11. उदण्डता, 12. मुख में और मन में, 13. शरमिन्दगी।

नज़्र-ए-फ़िराक़[1]

ऐ दिल–ए–क़ाफ़िर[2] इज्ज़[3] से मुनकिर[4] आज तिरा सर ख़म[5] क्यूँ है
तेरी हटेली शिरयानों में ये बेबस मातम क्यूँ है
आँख तो रोना भूल गयी थी फिर हर मंज़र नम क्यूँ है
मत रोको बहने दो आँसू किसी को करते हैं प्रणाम
आप झुका है झुकने दो सर छुपा था उसमें कोई सलाम
शायद उसके हुज़ूर में हो तुम जिसको कहते हैं अंजाम
वो हस्ती की सरहद–ए–आख़िर हुआ जहाँ हर सफ़र तमाम
बेबस है इन्साँ बेबस है तकती रह गयी रोती शाम
उठ गया कोई भरी दुनिया से बाक़ी रहे ख़ुदा का नाम
या फिर कागज़ पर परछाईं मिलेगा जिसको सब्त–ए–दवाम[6]
ये टुकड़े इन्सानी दिल के शायर और शायर का कलाम
नाज़ करूँगी ख़ुश–बख़्ती में मैंने 'फ़िराक़' को देखा था
उजड़े घर में वो तहज़ीबों के संगम पर बैठा था
गर्म हम–आग़ोशी सदियों की होगी कितनी प्यार भरी
जिसकी बाँहों में खेली थी उसकी सोच की सुन्दरता
शेर का दिल शफ़्फ़ाफ़[7] था इतना जैसे आईना–ए–तारीख़[8]
क्या भरपूर विसाल था जिसने उस शायर को जन्म दिया
गर तारीख़ ने पागल होकर ख़ुद अपना सर फोड़ा है
ख़ून उछाला है गलियों में अपना हंडोला तोड़ा है
छींट न थी दामन पर उसके कौन घाट धो बैठा था
जिसे समझते हो नामुमकिन वो उस इन्साँ जैसा था

इन्साँ भी इतना मामूली जैसे अपना हमसाया
अपने शेर सुनाना उसका और ख़ुद हैराँ हो जाना
बातों में मासूम महक थी आँखों में बेचैन लपक
ख़ामोशी के वक़्फ़े[9] यूँ जैसे उसने कुछ देखा था
पीड़ बहुत झेली थी उसने इतनी बात तो ज़ाहिर थी
लहजे में शोख़ी थी जैसे राख में चमके अंगारा
संगम के पानी पर मैंने देखी थी कैसी तस्वीर
उड़ा लहक कर इक जल–पंछी खींच गया पानी पे लकीर
जमुना की नीली गहराई भेद भरी चुप से बोझल
गंगा के धारे की जुम्बिश उजली ताक़त और बे–कल
इस पानी में अक्स डालता आसमान का इक टुकड़ा
मिट्टी के बुत हरे नारियल चन्दन लगा कोई मुखड़ा
वो धारों पर नाव खेता सूखा पंजर माँझी का
दान के पैसे गिनता पण्डित ताँबा सूरज सांझी का
जमुना पर मीनार क़िला के गुम्बद का तिरछा साया
पाकिस्तान से आये मुहाजिर[10] गेंदे की टूटी माला
पानी में चप्पू की शप–शप बातों के टूटे टुकड़े
यहीं कहीं पर हमसे ओझल सरस्वती भी बहती है
जो समझी जो आगे समझूँ छलक रहा है दिल का जाम
वो मंज़र जो खुद से बड़ा था उसका घेरा तुम्हारे नाम
ये कमरे का माँद उजाला बाहर हूक पपीहे की
खिड़की पर बूँदों की दस्तक साँसें भरती ख़ामोशी
पूरी बात नहीं बतलाता गूँगे आँसू रो देना
तेरी धरती सह न सकेगी इतने हुस्न को खो देना
तनहा और अपाहिज बूढ़े तुझे न मरने देंगे लोग
अभी तो जीवन बाँझ नहीं है फिर तुझको जन्मेंगे लोग

---

1. महान शायर फ़िराक़ गोरखपुरी को समर्पित, 2. पापी दिल, 3. आस्था, विनम्रता, 4. असहमत, 5. झुका, 6. अमरता, 7. निर्मल, 8. इतिहास का दरपन, 9. अन्तराल, 10. शरणार्थी।

जाप

आ मेरे अन्दर आ
पवित्र महरान के पानी
ठण्डे मीठे मटियाले पानी
मटियाले जीवन रंग जल
धो दे सारा क्रोध कपट
शहरों की दिशाओं का सब छल
यूँ सींच मुझे कर दे मेरी मिट्टी जल–थल
तिरे तल की काली चिकनी मिट्टी से
माथे पर तिलक लगाऊँ
हाथ जोड़ दण्डवत करूँ
ओ मन के भेद से गहरे
हौले–हौले साँस खींचते
ओम समान अमर
ओ महान सागर
मैं उतरी तेरे ठण्डे जल में कमर–कमर
तेरे ठण्डे मीठे मेहरबान पानी से मुँह धो लूँ
और धो लूँ आँसू
खारे आँसू
तेरे मीठे पानी से धो लूँ
ओ महान मटियाले सागर आ
सुन मिरी कथा

मैं बड़ी अभागन भाग मेरा
बेदर्द हाथ में रहा सदा
टूटा मेरा मिट्टी से नाता
कैसे टूटा
इक आँधी बड़ी भयानक लाल चुड़ैल
मुझे ले उड़ी
उठाकर पटका उसने कहाँ से कहाँ
तेरे चरणों में सीस झुकाती एक अकेली जान
मेरे साथ मेरा कोई मीत नहीं
कोई रंग–रूप कोई प्रीत नहीं
मिरी अनगढ़ फीकी मुरझाती बोली में कोई संगीत नहीं
मिरी पीढ़ियों के बीते युग मेरे साथ नहीं
बस इक निर्दयी धरम है
जिसका भरम नहीं
वो धरम जो कहता है मिट्टी मिरी बैरन है
जो मुझे सिखाता है सागर मेरा दुश्मन है
हाँ दूर कहीं
आकाश की ऊँचाई से परे
रहता है ख़ुदा
इतना रूखा
मिट्टी से जोड़ नहीं जिसका
सब नाते प्रीत और बैर के उसकी कारन मैं कैसे जोड़ूँ
मैं मिट्टी मेरा जनम मिट्टी
मैं मिट्टी को कैसे छोड़ूँ
ओ मटियाले बलवान महासागर
मैं उखड़ी धरती से
भगवान मिरा रस सूख गया
फिर भी सुनती हूँ अपने लहू में बीते समय की नर्म धमक
वो समय जो मेरे जनम से पहले बीत गया

मेरे कानों में
इक शोर झर–झर बहते नदी नालों का
और कोई महक बड़ी बे–कल है
जो गूँज बनी मिरी छाती से टकराती है
ओ महान सागर
जीवन–रस दे
अपने तन में जल–पौध बनकर जड़ लेने दे
सदा जिये
ओ महान सागर सिन्धू
तू सदा जिये
और जियें तिरे पानी में फिसलती मछलियाँ
शान्त सुखी यूँ ही
तिरे पानी में नाव खेते
तिरे बालक सदा जियें
ओ पालनहार हमारे
धरती के रखवाले
अन्नदाता
तिरी धरती
नर्म रेतीली मेहरबान सिन्ध की धरती
सदा जिये

अबद

ये कैसी लज़्ज़त से जिस्म शल हो रहा है मेरा
ये क्या मज़ा है कि जिससे है उज़्व–उज़्व[1] बोझल
ये कैफ़[2] क्या है कि साँस रुक–रुक के आ रहा है
ये मेरी आँखों में कैरो शहवत[3]–भरे अँधेरे उतर रहे हैं
लहू के गुम्बद में कोई दर है कि वा[4] हुआ है
ये छूटती नब्ज़, रुकती धड़कन, ये हिचकियाँ–सी
गुलाब–ओ–काफ़ूर की लपट तेज़ हो गयी है
ये आबनूसी बदन, ये बाज़ू, कुशादा[5] सीना
मिरे लहू में सिमटता सय्याल[6] एक नुक्ते[7] पे आ गया है
मिरी नसें आने वाले लम्हे के ध्यान से खिंच के रह गयी हैं
बस अब तो सरका दो रुख़ पे चादर
दिये बुझा दो

---

1. अंग–अंग, 2. आनन्द, 3. अभिलाषा, 4. खुला, 5. चौड़ा, 6. सैलाब, 7. रहस्य।

इंक़िलाबी औरत

रणभूमि में लड़ते–लड़ते मैंने कितने साल
इक दिन जल में छाया देखी चट्टे हो गये बाल
पापड़ जैसे हुईं हड्डियाँ जलने लगे हैं दाँत
जगह–जगह झुर्रियों से भर गयी सारे तन की खाल
देख के अपना हाल हुआ फिर उसको बहुत मलाल
अरे मैं बुढ़िया हो जाऊँगी आया न था ख़याल
उसने सोचा
गर फिर से मिल जाये जवानी
जिसको लिखते हैं दीवानी
और मस्तानी
जिसमें उसने इंक़िलाब लाने की ठानी
वही जवानी
अब की बार नहीं दूँगी कोई क़ुर्बानी
बस ला–हौल पढूँगी और नहीं दूँगी कोई क़ुर्बानी
दिल ने कहा
किस सोच में है ऐ पागल बुढ़िया
कहाँ जवानी
यानी उसको गुज़रे अब तक काफ़ी अर्सा बीत चुका है
ये ख़याल भी देर से आया
बस अब घर जा
बुढ़िया ने कब उसकी मानी

हालाँकि अब वो है नानी
ज़ाहिर है अब और वो कर भी क्या सकती थी
आसमान पर लेकिन तारे आँख–मिचोली खेल रहे थे
रात के पंछी बोल रहे थे
और कहते थे
ये शायद उसकी आदत है
या शायद उसकी फ़ितरत है

तफ़्सील मसाफ़त की[1]

इक दिन जो बहम[2] होंगे
तुझसे तिरे दरमाँदा
क्या अर्ज़ गुज़ारेंगे
क्या हाल सुनायेंगे
मौहूम[3] कशीदा[4] है
तस्वीर क़यामत की
शायद न सुना पाएँ
तफ़्सील मसाफ़त की
लब बस्ता[5] रहें शायद
ये दिन जो गुज़ारे हैं
मरहम है कोई किसका
या ज़ख़्म की सरगोशी
या हमारे हैं
आँखों पे किये साया
कब दूर तलक देखा
लर्ज़ां[6] थी ज़मीं किस पल
किस सू–ए–फ़लक[7] देखा
कब दश्त[8] की तन्हाई
आँखों में उतर आयी
कब वहम समाअ'त[9] थी
कब खो गयी गोयाई[10]

किस मोड़ पे हैराँ थे
किस राह में वीराँ थे
इज्माल[11] हक़ीक़त के
शायद न रक़म[12] होंगे
इक दिन जो बहम होंगे
तक लेंगे तिरी सूरत
और सर को झुका लेंगे
मल डालेंगे आँखों को
गर याद सराब[13] आये
गुमसुम तिरी चौखट पर
हो जायेंगे हम शायद
छूकर तिरे दामन को
सो जायेंगे हम शायद

---

1. यात्रा–वृतान्त, 2. आमने सामने, 3. भ्रम, 4. समक्ष, 5. बन्द, 6. कम्पित, 7. आकाश की ओर, 8. जंगल, 9. सुनने की शक्ति, 10. बोलने की शक्ति, 11 संक्षेप, 12. अभिव्यक्त, 13 मृगतृष्णा, छल।

मेघ दूत

सनसनाहटों के साथ
गड़गड़ाहटों के साथ
आ गया!
पवन–रथ पे बैठकर
मेरा मेघ देवता
दोश[1] पर हवाओं के
बाल उड़ाता हुआ
उसका जामुनी बदन
आसमाँ पे छा गया
दूर तक गरज हुई
ज़मीं दहलने लगी
आसमाँ सिमट गया
बड़ी घन–गरज के साथ
टूटकर बरस पड़ा
और मैं आँख मूँदकर
हाथ पसारे हुए
दौड़ती चली गयी
अंग से लगा रही
नील उसके अंग का
मैं कि बिंत–ए–हिज्र[2] हूँ
मुझमें ऐसी प्यास है

मैं कि मेरे वास्ते
वस्ल[3] भी फ़िराक़[4] है
मुझमें ऐसी आग है
मेघ–रस में भीगकर
हाँफती खड़ी–खड़ी
कह रहा है दिल मेरा
यही है
मधुर मिलन की घड़ी

---

1. काँधे, 2. विरह की सन्तान, 3. मिलन, 4. जुदाई, विरह।

एक ज़न-ए-ख़ाना-ब-दोश

तुमने देखी है कभी एक ज़न–ए–ख़ाना–ब–दोश[1]
जिसके ख़ेमे से परे रात की तारीकी[2] में
गुरसना[3] भेड़िये गुर्राते हैं
दूर से आती है जब उसकी लहू की ख़ुश्बू
सनसनाती हैं दरिन्दों की हँसी
और दाँतों में कसक होती है
कि करें उस का बदन सद–पारा[4]
अपने ख़ेमे में सिमटकर औरत
रात आँखों में बिता देती है
कभी करती है अलाव रौशन
भेड़िये दूर भगाने के लिए
कभी करती है ख़याल
तेज़–नुकीला जो औज़ार कहीं मिल जाये
तो बना ले हथियार
उसके ख़ेमे में भला क्या होगा
टूटे–फूटे हुए बर्तन दो–चार
दिल के बहलाने को शायद ये ख़याल आते हैं
उसको मालूम है शायद न सहर[5] हो पाये

सोते बच्चों पे जमाये नज़रें
कान आहट पे धरे बैठी है
हाँ ध्यान उस का जो बट जाए कभी
गुनगुनाती है कोई बिसरा गीत
किसी बनजारे का

---

1. ख़ानाबदोश औरत, 2. अन्धेरा, 3. भूखा, 4. टुकड़े–टुकड़े, 5. सुबह।

बाकिरा[1]

आसमाँ तपते हुए लोहे की मानिन्द सफ़ेद
रेग[2] सूखी हुई प्यासे की ज़बाँ की मानिंद
प्यास हुल्कूम[3] में है जिस्म में है जान में है
सर–ब–ज़ानू[4] हूँ झुलसते हुए रेगिस्ताँ में
तेरी सरकार में ले आयी हूँ ये वहश ज़बीह[5]!
मुझ पे लाज़िम थी जो कुर्बानी वो मैंने कर दी
उस की उबली हुई आँखों में अभी तक है चमक
और सियह–बाल हैं भीगे हुए ख़ूँ से अब तक
तेरा फ़रमान ये था उस पे कोई दाग़ न हो
सो ये बे–ऐब अछूता भी था अनदेखा भी
बे–कराँ[6] रेग में सब गर्म लहू जज़्ब हुआ
देख चादर पे मिरी सब्त[7] है उसका धब्बा
ऐ ख़ुदा–वंद–ए–कबीर
ऐ जब्बार!
मुतकब्बिर ओ जलील!
हाँ तिरे नाम पढ़े और किया ज़िब्ह उसे
अब कोई पारा–ए–अब्र[8] आये कहीं साया हो
ऐ ख़ुदा–वंद–ए–अज़ीम
बाद–ए–तस्कीं[9]! कि नफ़स आग[10] बना जाता है!
क़तरा–ए–आब[11] कि जाँ लब पे चली आयी है

---

1. कुँवारी, 2. रेत, 3. कण्ठ, 4. झुक कर बैठी, 5. वहशियों द्वारा क़त्ल की हुई ज़िन्दगी, 6. अथाह, 7. अंकित, 8. बादल का टुकड़ा, 9. सुकून के बाद, 10. हर साँस, 11. पानी की बूँद।

तिफ़्लाँ की तो कुछ तक़्सीर न थी

ऐ दोस्त पुराने पहचाने
हम कितनी मुद्दत बाद मिले
और कितनी सदियों बाद मिली
ये एक निगाह–ए–महर–ओ–सख़ा[1]
जो अपनी सख़ा से ख़ुद पुर–नम[2]
बैठो तो ज़रा
बतलाओ तो क्या
ये सच है मेरे तआकुब[3] में
फिरता है हुजूम–ए–संग–ज़नाँ[4]?
क्या नील बहुत हैं चेहरे पर?
क्या कासा–ए–सर[5] है ख़ून से तर?
पैवंद–ए–क़बा[6] दुश्नाम[7] बहुत
पैवस्त–ए–जिगर[8] इल्ज़ाम बहुत
ये नज़र–ए–करम[9] क्यूँ है पुर–नम?
जब निकले कू–ए–मलामत[10] में
इक ग़ौग़ा[11] तो हमने भी सुना
तिफ़्लाँ[12] की तो कुछ तक़्सीर[13] न थी
हम आप ही थे यूँ ख़ुद–रफ़्ता[14]
मदहोशी ने मोहलत ही न दी

हम मुड़ के नज़ारा कर लेते
बचने की तो सूरत ख़ैर न थी
दरमाँ[15] का ही चारा[16] कर लेते
पल भर भी हमारे कार–ए–जुनूँ[17]
ग़फ़लत[18] जो गवारा कर लेते

---

1. मेहरबान दृष्टि, 2. भीगी हुई, 3. खोज, 4. हाथों में पत्थर लिए लोगों का झुण्ड, 5. सर रूपी कटोरा, 6. लिबास के पैबन्द, 7. अपशब्द, 8. जिगर के पैबन्द, 9. मेहरबान दृष्टि, 10. पश्चाताप के वशीभूत, 11. शोर, 12. बच्चों, 13. ग़लती, 14. संज्ञाहीन, 15. इलाज, 16. उपाय, 17. जुनून के कार्य, 18. लापरवाही।

ख़ाकम-ब-दहन

मैं आज़िम–ए–मय–ख़ाना[1] थी कल रात कि देखा
इक कूचा–ए–पुर–शोर[2] में असहाब–ए–तरीक़त[3]
थे दस्त–ओ–गिरेबाँ[4]
ख़ाकम–ब–दहन पेच अमामों[5] के खुले थे
फ़तवों की वो बोछाड़ कि तबक़ात थे लर्ज़ा[6]
दास्तान–ए–मुबारक में थीं रीशान–ए–मुबारक
मू–हा–ए–मुबारक थे फ़ज़ाओं में परेशाँ
कहते थे वो बाहम कि हरीफ़ान–ए–सियह–रू
कुफ़्फ़ार हैं बद–ख़ू
ज़िन्दीक़ हैं मलऊन हैं बनते हैं मुसलमाँ
हातिफ़ ने कहा रो के कि ऐ रब्ब–ए–समावात!
ला–रेब सरासर हैं बजा दोनों के फ़तवात
ख़िल्क़त है बहुत उनके अज़ाबों से हिरासाँ
अब उनकी हों अमवात!

---

1. मयख़ाने में जाने की इच्छुक, 2. शोर शराबे युक्त मुहल्ले में, 3. ब्रह्मज्ञानी कहे जाने वाले लोग, 4. झगड़ते हुए, 5. पगड़ी, 6. कम्पित।

एक औरत की हँसी

पथरीले कोहसार[1] के गाते चश्मों में
गूँज रही है इक औरत की नर्म हँसी
दौलत ताकत और शोहरत
सब कुछ भी नहीं
उसके बदन में छुपी है उसकी आज़ादी

दुनिया के माबद[2] के नये बुत कुछ कर लें
सुन नहीं सकते उसकी लज़्ज़त की सिसकी

उस बाज़ार में गो[3] हर माल बिकाऊ है
कोई ख़रीद के लाये ज़रा तसकीन[4] उसकी
इस सरशारी जिससे वो ही वाक़िफ़ है
चाहे भी तो उसको बेच नहीं सकती

वादी की आवारा हवाओ! आ जाओ
आओ और उसके चेहरे पर बोसे[5] दो

अपने लम्बे–लम्बे बाल उड़ाती जाये!
हवा की बेटी साथ हवा के गाती जाये!

---

1. पहाड़, 2. पूजा–स्थल, 3. यद्यपि, इत्मीनान, 5. चुम्बन।

ख़ाना तलाशी

कोतवाल!
''देखो बीबी, यह परवाना ख़ाना तलाशी का लाया हूँ
नफ़री साथ है, लेकिन उसको गली में दूर बिठा आया हूँ
सोचा–मैं खुद ही काफ़ी हूँ
है दरकार हमें इक मंज़मूँ
रुसवाई[1] से क्या हासिल है ख़ुद ही आप निकाल के ला दें
वरना घर में कहाँ छुपा है?
सीधी तरह हमें दिखला दें''

अपने घर को इस तरह पहले कभी देखा न था
दिल धड़कता सुन रही हूँ मैं दर–ओ–दीवार में
संग[2]–ओ–आहन[3] की वरीदों से टपकता है लहू
गर्म साँसें, जागती आँखें, खुले लब चार सू
मुझसे सरगोशी में फिर एक बार दोहराते हुए
सात जन्मों का बँधा पैमाँ[4] वतन की ख़ाक से
चार दीवारें मेरी धरती तेरी आग़ोश में
आफ़ीयत[5] की चार घड़ियाँ मुझ पे तेरा क़र्ज़ हैं
कितने तहख़ाने उभर आये नज़र के सामने
कितने इमकाँ[6] हैं कि जिनके आज मुझ पर दर खुले
खुल गयी क़दमों तले मेरी मुरादों की सुरंग
जिसकी दीवारों पे रौशन ज़िन्दगी से सात रंग

अब फ़सील–ए–शहर पर होंगे नये मज़मून रक़्म
ऐ गुज़रते पल! तेरी पामाल[7] हुर्मत[8] की क़सम

जिस गली में मेरा घर है, सुर्ख़ उसकी धूल है
इस दरीचे से परे लाला[9] का खिलता फूल है
इस क़दर ख़तरे का बायस[10] एक माज़ी[11] की किताब
देख ये चिलमन[12] हटाकर मेरे मुस्तक़बिल[13] का ख़ाब!

---

1. बदनामी, 2. पत्थर, 3. लोहा, 4. वादा, 5. चैन, सुख, 6. सम्भावना, 7. कुचली हुई, 8. इज़्ज़त, 9. पौपी का फूल, 10. कारण, 11. अतीत, 12. पर्दा, 13. भविष्य।

वह इक ज़न नापाक है

वह इक ज़न[1] नापाक[2] है
बहते लहू की क़ैद में
गर्दिश में माह–ओ–साल की
दहकी हवस की आग में
अपनी तलब की चाह में
ज़ायदा–ए–अबलीस[3] भी
चल दी उसी की राह में
उस मंज़िल–ए–मौहूम[4] को
जिसका निशाँ पैदा नहीं

संगम वह नूर–ओ–नार का
जिसका पता मिलता नहीं
उबले लहू के जोश में
पिस्तान[5] उसके फट गये
हर नोक–ए–ख़ार–ए–राह से
बन्द–ए–लहम[6] सब कट गये
उसके बदन की शर्म पर
तक़दीस[7] का साया नहीं

लेकिन ख़ुदा–ए–बहर–ओ–बर
ऐसा कभी देखा नहीं
फ़रमान[8] तेरे सब रवा
हाँ उस ज़न नापाक के
लब पर नहीं कोई दुआ
सर में कोई सजदा नहीं

---

1. औरत, 2. अशुद्ध, 3. शैतान की औलाद, 4. गुम, 5. स्तन, 6. माँस की गाँठ, 7. पवित्रता, 8. आदेश।

कोतवाल बैठा है

कोतवाल बैठा है
क्या बयाँ दें इसको?
(जान जैसे तड़पी है
कुछ अयाँ[1] न हो पाये
वो गुज़र गयी दिल पर
जो बयाँ न हो पाये

लो बयान देते हैं–
हाँ! लिखो कि सब सच है
सब दरुस्त इलज़ामात
अपना जुर्म साबित है
जो किया बहुत कम था
सिर्फ़ ये निदामत[2] है
काश वक़्त फिर आये
हक़ हुआ है–कब

ये करो इज़ाफ़ा अब
जब तलक है दम में दम
फिर वही करेंगे हम
हो सका तो कुछ बढ़कर
फिर वो हर्फ़ लिखेंगे
तीराज़ाद[3] हर आमिर[4]
काँप उठे जिसे पढ़कर

फिर वो गीत छेड़ेंगे
बस्ता दस्त[5] हर मज़लूम[6]

झूम उठे जिसे गाकर
चीथड़ा है ये क़ानून!

बाग़ीचों के क़दमों की
इससे धूल झाड़ेंगे
आमरी[7] नहूसत[8] है
यह निज़ाम–ए–एहकामात
बीच चौक फाड़ेंगे

वक़्त आने वाला है
एहतसाब[9] हम लेंगे
जब हिसाब हम लेंगे
फिर जवाब देने को
तुम मगर कहाँ होगे!

ख़ार–ओ–ख़स[10] से कम तर हो
रास्ते के कंकर हो
जिसने राह घेरी है

वो तुम्हारा आक़ा है
हमने दिल में ठानी है
राह साफ़ कर देंगे

तुम, कि सिर्फ़ नौकर हो
तुमको मुआफ़ कर देंगे

---

1. ज़ाहिर, 2. शर्मिन्दगी, 3. अँधेरे का जाया, 4. तानाशाह, 5. हाथ बाँधे हुए, 6. जिस पर जुल्म ढाया गया हो, 7. तानाशाही, 8. कमबख़्ती, 9. हिसाब लेना, 10. कचरा, तुच्छ पदार्थ।

तस्वीर

मेरे दिल के निहाँ–ख़ाने[1] में इक तस्वीर है मेरी
ख़ुदा जाने इसे किसने बनाया, कब बनाया था
ये पोशीदा[2] है मेरे दोस्तों से और मुझसे भी
कभी भूले से लेकिन मैं इसे गर देख लेती हूँ
इसे ख़ुद से मिलाऊँ तो मेरा दिल काँप जाता है

---

1. गुप्त कक्ष, 2. छुपा होना।

दिल सर्द हुआ

दिल सर्द हुआ
अब शाम हसीं[1]
आये भी तो क्या
सीने में कहीं
वो दर्द नहीं
दिन बीत गये
मैंने उसको
कब याद किया
आँखों में मेरी
उसकी सूरत
धुँधला–सी गयी
हाँ दिल में मेरे
वो इश्क़ की लौ
जो दायम[2] थी
कजला–सी गयी

अब दिल है मेरा
सहरा–सहरा
माबूद[3] मेरे
जिस जा[4] मैं हूँ
उस जा कितना
सन्नाटा है

---

1. ख़ूबसूरत, 2. शाश्वत, स्थायी, 3. पूजनीय, ईश्वर, 4. जगह।

कुन्दन

तपता हुआ ये चेहरा जैसे बाद–ए–समूम[1] से झुलसा फूल
और उस पर भूरी आँखों के दियों की लौ
देखने वालों के दिल को गरमाती है
बात भी उससे करो तो जलते दिल की आँच–सी आती है

हँसी में चमक–चमक उठे दिल का कुन्दन
दुनिया मिटा न पायी दिल का भोलापन
न कोई यार न मीत न उसका साजन है
शहरों में वो रहे मगर बैरागन है
ख़ुशी के मोती पाये भी तो कब साथ लिए
यूँ ही चल दी अपने ख़ाली हाथ लिए
जीने का कुछ ढंग न आया, ख़ाक हुई
अपनी आग में जलकर पगली राख हुई

---

1. ज़हरीली हवा।

मुरक़्क़ा

हमने देखी अजीब इक नारी
साँवला रंग जामुनी साड़ी
और बातों में ऐसी चंचलता
छूटे रंगों की जैसे पिचकारी
ऊदी बिन्दिया भवों के बीच जड़ी
और भवें सात की तरह कारी
जैसे काला हिरन हो मधुबन में
ऐसी है उसकी आँख कजरारी
लाल होंठों पे ऐसी मदिरा है
हो गयी जिससे साँझ मतवारी
उसकी चम्पा कली गले में पड़ी
गोरी कलियों की झूलती डाली
जैसे बदली में चाँद लिपटे हों
ऐसे कूल्हों पे घूमती साड़ी
हैं मुदव्वर[1] ख़तूत[2] सर–ता–सर
छातियाँ गोल और गज भारी
लाल पत्थर की लौंग नाक में है
या भबूका–सी कोई चिनगारी
देखो लोगों ये नार है कि घटा
रंग और रूप से भरी सारी
झुके आकाश जिससे मिलने को
उसी निर्मल धनक की इक धारी

---

1. गोलाकार, 2. अंग-प्रत्यंग।

ख़्वाब और ताबीरें

शहर पर कुहर ठहरी हुई!
कुहर में शहर डूबा हुआ!
झील की सतह पर फैलती
ख़ुश्क पेड़ों की सूखी हुई टहनियों के झरोखों में ठहरी हुई
मेरे पैरों तले चरमराते हुए
कत्थई ज़र्द नारंज पक्षियों के ढेरों पे सोती हुई
और ख़िज़ाँ के सुलगते हुए शोले–सी
सारे रंगों को धीमा बनाती हुई
आँसुओं में भिगोती हुई धुन्ध में
ख़्वाब हैं
ख़्वाब हैं
ख़्वाब हैं

ऐ वाली-ओ-रब्बे-कोन-ओ-मकाँ

डूब गई ख़ामोशी में मग़रिब[1] की अज़ाँ
कैसा सुकूत[2] है वाली–ओ–रब्ब–ए–कोन–ओ–मकाँ[3]

अल हम्दुल्लाह–ए–रब्बुल–आलमीन
सब तारीफ़ ख़ुदा की, जो है बहुत अज़ीम[4]
बारिश से निखरा–निखरा शफ़्फ़ाफ़[5] फ़लक
नीला–नीला हद–ए–नज़र तक फैला है
सब्ज़े की मख़मल से धुली है नर्म ज़मीं
अल–हम्दुल्लाह–ए–रब्बुल–आलमीन

सब तारीफ़ ख़ुदा की, जो है बहुत अज़ीम
कैसी सोच ने मेरे दिल में चुटकी ली
कैसे ध्यान से मेरी आँखें भर आयीं
सीने में क्यों सन्नाटा–सा छाया है
ये मेरे सजदे में तज़बज़ुब[6] कैसा है
लब पे दुआएँ आके बनें क्यों बेमानी

जैसे मेरा अन्दर हो सुनसान उजाड़
कोई तो आये, कोई तो आकर दस्तक दे
कैसे खोलूँ अपने दिल के बन्द किवाड़

---

1. पश्चिम, शाम, 2. सन्नाटा, 3. सारी दुनिया का ईश्वर व मालिक, 4. महान, 5. निर्मल, 6. संशय, असमंजस।

अब्र-ए-बहार

बाद–ए–सबा के दोश पे उड़ते
कभी बरसते अब्र–ए–बहार
जाने वाले दिनों का कुछ हमको भी पता दो
ऐसे ही उड़ते गये ज़माने कहाँ पुराने
ज़रा बता दो

बारिश से निखरी मिट्टी में इत्र बसा है
ज़र्रा–ज़र्रा महक रहा है
इस ख़ुशबू को
इस जादू को
कैसे अपने दिल में बसा लूँ
इस अहसास–ए–बहार को कैसे अम्र बना लूँ

वक़्त!
गुज़रता वक़्त, किसी के बस में नहीं है
कोई भी चाहत, कोई भी आँसू इसका दामनगीर नहीं है
मिट जाता है लम्हा–लम्हा
वक़्त कोई तस्वीर नहीं है

हसरत से मैं तकती जाऊँ मल–मल हाथ
मंज़र–मंज़र उड़ता जाये छोड़ के साथ

जिस झरने पर डोल रही है
तेरी–मेरी जान की काया
उस झरने पर पत्ता–पत्ता
बहता जाये
खोता जाये
हाथ न आये
हाथों से कब रुक सकता है बहता पानी
बाक़ी है बस उसकी रवानी
इसी में इक दिन खो जायेगी
लम्हा–लम्हा बीत रही है मेरी जवानी

सूरा-ए-यासीन

ये आख़िरे–शब[1] का सन्नाटा
इस नीम[2] अँधेरे रस्ते पर
जल्दी में क़दम बढ़ाती हुई
मैं एक अकेली औरत हूँ
बड़ी देर से मेरे तआक़ुब[3] में
इक चाप है जो चली आती है
घर...! मेरा घर...!
मैं अपने घर कैसे पहुँचूं
सूखे हल्क़ूम[4] और बैठते दिल से सोचती हूँ
शायद मैं रस्ता भूल गयी
ये राह तो मेरी राह नहीं
इस राह से मैं कब गुज़री थी
सब गलियों पर यहाँ नाम लिखे
इस गली पे कोई नाम नहीं
और दूर–दूर तक दम साधे
ये सारे घर अनजाने हैं
लो पीले चाँद का टुकड़ा भी
काले पत्तों में डूब गया

अब कुछ भी नहीं
बस मेरे मुँह में ख़ौफ़ से भारी और मफ़लूज[5] ज़ुबान है
या
तलवों से ऊपर चढ़ती हुई
मेरे अंग–अंग में रचती हुई
इक ख़ुनकी[6] है

---

1. आधी रात के बाद, 2. अधूरा, 3. पीछा, 4. कण्ठ, 5. अपंग, 6. ठण्डक।

आडन के नाम

ये सच है मेरे फ़लसफ़ी[1]
मेरे शायर
वो वक़्त आ गया है
कि दुनिया के बूढ़े फ़रेबी मुअल्लिम[2] का जुब्बा[3] पकड़कर
नये लोग कह दें
किताबें बदल दो!
ये झूठी किताबें
जो हमको पढ़ाते चले आ रहे हैं
हक़ीक़त के रुख़ से
ये मानी, फ़रसूदा लफ़्ज़ों के पर्दे हटा दो
जला दो
किताबें जो हमने पढ़ी हैं
जला दो!
किताबें जो कहती हैं दुनिया में हक़ जीतता है
ये सब किज्ब–ओ–बेहूदा–गोई[4] मिटा दो
ये सब कुछ ग़लत है
कि हम जानते हैं
कि झूठ और सच में हमेशा हुई जंग और

झूठ जीता है
कि नफ़रत अमर है
कि ताक़त है बरहक़
कि सच हारता है
कि शैतान नेकी के अहमक़ ख़ुदा से बड़ा है

1. दार्शनिक, 2. शिक्षक, 3. चोला, 4. घटिया और बेकार बातें।

मेरे लाल

सोता रह!
मेरे लाल
मेरी गर्म कोख में
सोता रह!

कितनी दूर–दूर तक
फैल गयी जड़ तेरी
और बहुत गहरी
और बहुत गहरी
सारे तन में तू है
मेरे लाल
मेरे लाल
सोता रह!
देख मेरे अन्दर
बहुत घना
बहुत बड़ा
रोता हुआ जंगल

इस सियाह बन में
ऐसे आ गया तू
कोई नाग जैसे

नर्म जिल्द वाला
सुर्ख़ जिल्द वाला
फिरे सरसराता
इस उदास बन में
तुझे कौन लाया
इस उजाड़ घर को
तूने क्यों बसाया
मेरे लाल
मेरे लाल!

आकाश बेल

तू हरी भरी
आकाश बेल
मेरे तन से लिपटकर बढ़े

और बूँद–बूँद
मेरे अंग से
जीवन–रस पीती जाये

मुरझा चली मैं
जैसे सूखा पात
तू जैसे–जैसे खिली
पड़ गयी ज़र्द
मेरी सब लाली
तेरे मुख गुलाब को मिली

मुझे रात की कालिख मिली
तुझे भोर का प्रकाश
मैं गड़ी जाऊँ पाताल में
तुझे खींच रहा आकाश

मत नींद से चौंक के देख मुझे
मैं तुझे छाती से लगाऊँ
और काँपती उँगलियों से
तेरे काले बाल सुलझाऊँ

इस क़दर तरोताज़ा

इस क़दर तरोताज़ा
ताल का कँवल जैसे
चाँदनी सजल जैसे
जैसे फूटती कोंपल
जैसे झाग–सा बादल
छू भी लूँ तो मैली हो!
आ हुमक के बाँहों में
तुझको गोद में भर लूँ
चूस लूँगी रस तेरा
मैं तो काला भँवरा हूँ
पर मैं अपने बोसों से
किसलिए हिरासाँ[1] हूँ
दिल की थाह में मेरे
जो उदास जज़्बा है
उससे क्यों हूँ शर्मिन्दा

---

1. भयभीत।

दूजा साया

तू मेरी गोद में खिल–खिल हँसती चम्पे की कली सही
तेरी जान की सारी काया मेरी कोख में ढली सही
इस कमरे में हम तनहा हैं ये दूजा साया किसका है
बार–बार क्यों तेरा चेहरा तारीकी[1] में खो जाता है
कैसा दोहरी धार का ख़ंजर पलने की डोरी से बँधा है
जिसमें मेरा लहू रचा था, उस तन पर क्यों लरज़[2] रहा है

---

1. अँधेरा, 2. काँपना, लहराना।

ज़मीं-दोज़ रेल

और अब, जब मेरे पहलू में नहीं कोई नफ़्स[1]
आश्ना[2], दोस्त, शनासा[3], मेरी दुनिया के मकीं[4]
रह गये हैं कहीं दूर
और
मेरे पहलू में
मेरी दुज़–दीदा[5] दबी आह को सुनने वाला
चौंकने वाला यहाँ कोई नहीं
अब न रोको इसे, आज़ाद तसव्वुर को कर दो
ज़हन को सोचने दो
और तख़य्युल[6] को भटकने दो ज़रा
ऐसी बातें जिन्हें सोचो तो नशा आ जाये
ऐसे इम्कान[7] कि जीने का मज़ा आ जाये
ऐसी बातें कि नहीं जिनकी इजाज़त तुमको
ज़हन को सोचने दो
ये तो कुछ जुर्म नहीं
ये तो नहीं कोई गुनाह
और अगर है भी तो पोशीदा[8] है

---

1. इन्द्री, 2. आत्मीय, 3. परिचित, 4. निवासी, 5. छुपी निगाह, 6. कल्पना, 7. सम्भावनाएँ, 8. गुप्त, छुपा हुआ।

आओ

आओ!
आओ!
ये सहर जो मुझमें समाया है
ये सहर जो तुमको भाया है
क्या खेंच न लायेगा तुमको
मेरे पहलू में बिठाने को
इस गूँज के चकराते–लहराते भँवर में धोखा खाने को
और मुझसे आ टकराने को
मैं तपती धूप में अपने बदन का आईना चमकाती हूँ
तुम आओगे
आईने से टकराओगे
और पेशानी पर ज़ख़्म लिए रह जाओगे
मैं गाती हूँ
और आईना चमकाती हूँ
इक अन्धे जादू के बस में
हर लम्हा तुम्हें बुलाती हूँ

वस्ल इक किरन बनकर

वस्ल[1] इक किरन बनकर
रूह में दमकता है
जिसका एक लम्हा है
वस्ल से परे लेकिन
इक उजाड़ सन्नाटा
एक ज़र्द वीराना
बढ़ रहा है मुँह खोले
ये किरन निगलने को
तेरी तेज़ आँखों में
इश्तियाक़[2] का शोला
इस तरह भड़कता है
मेरी जाँ का परवाना
बेक़रार–सा होकर
इस तरह लपकता है
फिर ये कौन कुव्वत है
खेंचती है जो मुझको
तुझसे दूर रखती है

फिर ये कौन शैताँ है
जो मुझे बचाता है
जिस्म के अँधेरे में

आग–सी जलाता है
मौत जबकि आनी है
मेरी ज़ात फ़ानी है
हाँ मैं उसको पहचानी
मुझको खेंचने वाली
ज़िन्दगी की मश्शाता[3]!

ज़िन्दगी की मश्शाता!
क्यों मुझे सजाती है
जिस्म के अँधेरे में
आग–सी जलाती है

---

1. मिलन, 2. जिज्ञासा, 3. ब्यूटीशियन, प्रसाधिका।

वो जो तुम सब-सा नहीं

वो जो इक शायर–ए–आवारा–ए–वजूद–रफ़्ता[1] है
शबनमी घास से भीगा हुआ मलबूस[2] उसका
कुहना[3] शब ख़ेज़ी[4] से आँखों में गुलाबी डोरे
हाथ में फूल बनफ़शा[5] के लिए
बेनियाज़ाना[6] चला जाता है
उसके बालों को परेशान हवाओं ने कहा
उसको कुछ ध्यान नहीं
उसके दामन से नन्हीं घास के तिनके झटके
एक शब देर तलक चाँद को देखा किया वो
लोग कहते हैं कि शायद तब से
हो गया है कोई साया उस पर
कोई न कोई तो है उस पे असर

वो जो तुम सब–सा नहीं
इसकी है वजह कोई
वो तो इक शायर है

---

1. एक पुराना आवारा शायर, 2. लिबास, 3. पुरानी, 4. रातों को जागने की आदत, 5. कश्मीरी फूल, 6. बेपरवाह।

रज्म

"इब्ने–उम्र[1] से रिवायत है कि जब बदकारी करने वाले जोड़े को संगसार (पत्थर मार–मारकर मार डालने की प्रथा) किया गया तो मर्द औरत पर झुक–झुक जाता और उसे पत्थरों से बचाता।"

पागल तन में क्यों बसती है
ये वहशी, तारीक आरज़ू
बहुत क़दीम[2] उदास आरज़ू
तारीकी में छुप जाने की
इक लम्हे को
इक लम्हे को
रब्ब–ए–क़हहार! ये मौजिज़ा[3] क्या है
तेरे ख़ल्क़ किया हुआ आदम
लज़्ज़त–ए–संग का क्यों ख़्वाहाँ[4] है
इसकी सहर–ज़दा चीख़ों में
ये किस क़िस्म का नग़मा है
क्या थी बदन की लज़्ज़त
बेताबी से यूँ रक़्साँ है
हर बुन–ए–मूँ[5] से सुर्ख़–ओ–सियाह लहू का दरिया उबल पड़ा है

---

1. आदिकाल, 2. प्राचीन, 3. चमत्कार, 4. इच्छुक, 5. रोम–रोम

अल्ज़वाटर (एक डिस्ट्रिक्ट)

छाया जाता है मेरी आँख की बेताबी पर
चादर–ए–आब[1] की ख़ामोश निगाही का फुसूँ[2]
पर समेटे हुए शाख़ों में हवा सोती है
चार अतराफ़[3] की गहराइयाँ हैं और मैं हूँ
सामरी[4] शाम की रंगीन नज़रबन्दी है

दिल मगर जानता है
इक गुमाँ–सा है कि इस भेद भरे पानी में
मुझको मिल जायेगा इस शौक़–ए–गुरेज़ाँ का सुराग़
जिसने तोड़ा है मेरे जिस्म का तारीक सुकूत[5]

वाहमा[6] है कि इसी झील की गहराई में
कोई अस्बात[7] का हर्फ़
कोई इक़रार कहीं मेरी सदा सुनता है
दिल मगर जानता है

ये मेरा दिल कि फ़रेब–आश्ना[8] है

---

1. पानी की चादर, 2. जादू, 3. दिशाओं, तरफ़, 4. जादुई, 5. मौन, 6. भ्रम, वहम, 7. स्थायित्व, 8. धोखे से परिचित, छल का आदी।

अमर बेल

ये कैसी अमर बेल लिपटी दिल से
पीती है लहू फुलवारी का!

कोई–सा दिन जिसको रास नहीं
मिट्टी ने जिसको जनम दिया
फिर छोड़ दिया

अब ऐसी अमर बेल लिपटी
पीती है लहू
जल जाने तक
धीरे–धीरे मर जाने तक

लेकिन ये मेरे सीने की जलन
जीने की जलन
यूँ तो नहीं कुम्हलायेगी
ये अमर बेल बन जायेगी

ख़ल्क़त जिनकी ख़ुश–रंगी देख के रश्क करे
वो ज़हरीले फल लायेगी
ये यूँ तो नहीं मुरझायेगी

पिछले पहर

मैं जो नागिन की तरह ख़ाक पे बल खाती हूँ
सर पटकती हूँ पत्थर पे जबीं[1] घिसती हूँ
अपने उगले हुए ज़हराब[2] को ख़ुद पीती हूँ
मैं तो समझी थी यहाँ कोई नहीं, कोई नहीं
पर कहीं दूर कोई हश्र बपा[3] हो जैसे

मेरे पास आये हैं देखो मेरे झूठे बोसे
ख़ाक उड़ाते हुए मातम–कुनाँ[4] क्यों आते हो
बाजू फैलाये हुए, गिरिया–ओ–ज़ारी[5] करते हुए
सीना कोबाँ[6] सर–ए–बालीं मेरे नौहे[7] पढ़ते
मेरे बोसे मेरी पुरसिश[8] के लिए आये हैं
आ के नज़दीक गले से मेरे लग जायेंगे
मेरे माथे पे उजाले की तरह बिखरेंगे

मेरी ज़िल्लत के चमकते हुए ठण्डे तारे
मेरे हल्कूम[9] में ख़ुनकी[10] से हुए आब–ए–हयात
मेरी मसमूम ज़ुबाँ पर जो बने अँगारे
आस्तीं में मेरी, अश्कों की तरह जज़्ब हुए
ये मेरे चाक–ए–गिरेबाँ के मसकते टाँके

---

1. माथा, 2. ज़हर, 3. घटित, 4. रोते हुए, 5. विलाप, 6. छाती कूटते हुए, 7. शोकगीत, 8. पूछताछ, 9. कण्ठ, 10. शीतलता।

तिलावत

लो जाँ के खुले ज़ख़्म
ख़ूँ की महक आयी
इक कुल्बा–ए–तारीक[1] में दर आया उजाला
इक माँदा उजाला
बेनूर उजाला
दीवार पे फिर से वही सूरत उभर आयी
ले जाओ कहीं दूर
ले जाओ ये इब्हाम
रहने दो मेरे कुल्बा–ए–अहज़ाँ[2] में सियाही

रौशन था सहीफ़ा[3]
रौशन था हर इक वर्क़
हर लफ़्ज़ की कंदील
आँखों से उबलते हुए अश्कों ने बुझायी

---

1. अँधेरी कोठरी, 2. दुखों की कोठरी, 3. ग्रन्थ।

मैं तो मिट्टी की मूरत हूँ

फिर नीम क़दम शब आ पहुँची
मैं इन बेकार ख़यालों की
रंगीली कंचनमाला से
कब तक खेलूँ

मैं तो मिट्टी की मूरत हूँ
क्या हुआ अगर इस मूरत में
बहता है लहू का एक दरिया
और दरिया में तुग़यानी है
वो तेरी याद का चाँद चढ़ा
बढ़–बढ़ कर लहरें आती हैं
साहिल से टकरा जाती हैं
इन उठती–गिरती लहरों से
क्या फल पायेगा बदन मेरा
मैं तो मिट्टी की मूरत हूँ
ये मिट्टी घुलती जायेगी
घटता जायेगा बदन मेरा

मुहाजिर

ये नीले–पीले गुब्बारे
ख़ुद अपने ज़ोर से फूट गये

नाअन्देशी की बुलन्दी से
धज्जियाँ रबड़ की मुर्दा खाल की तरह गिरीं
किस तेज़ी से!

बेजान रबड़ के ये टुकड़े
किस सिम्त ठिकाना पायेंगे

मिट्टी से उनको प्यार नहीं
मिट्टी में नहीं मिल पायेंगे
और निथरे–सुथरे पानी का
हर क़तरा उनसे कहता है
जो पत्थर काट के निकला है
वो ताज़ा पानी का धारा
मनमाने रुख़ पर बहता है
मिट्टी और पानी से गुब्बारे बहुत ख़फ़ा हैं।

प्लॉट

मैं अपने हम्ल[1] का बोझ लिए
धरती को ढूँढ़ती आयी
पर वो धरती कहाँ है जिस पर मैं ये बोझा लेकर बैठ सकूँ
वो जनमों की संगी–साथी मेरी
जिसकी मिट्टी में जज़्ब हुआ था दूध मेरा
वो जिसकी अथाह गहराई में बेकल हैं नमू की तहरीकें
जो अपने फूटते अखूओं से
बोझल भी है
शादाब भी है
जो कोख की तरह अमर है
और जज़्बे की तरह आज़ाद भी है
वो ज़मीं
कि जिससे कान लगाकर सुनती थी
उस घोड़े के टापों की धमक
जो नज़रों से ओझल, आता था ऐसा वीर सवार लिए
जिसके आने का वादा था

लेकिन ये ज़मीं
मजबूर ज़मीं
जागीर ज़मीं
वो ज़मीन नहीं

ये मुझको नहीं पहचानेगी
जनमों से बिछड़ी सहेली
किसी सोच में है

सुन सखी ज़रा
हम कान लगाकर सुनते हैं
शायद कि कहीं से आती हो
उस घोड़े के टापों की धमक
जो नज़रों से ओझल
आता है ऐसा वीर सवार लिए
जिसकी आँखों में आँसू हैं

---

1. गर्भ।

23 मार्च, 1973 ई.

(जब रावलपिण्डी में जज़्बे–इख़्तिलाफ़ (विरोध–प्रदर्शन) के जलसे पर चार घण्टे तक फ़ायरिंग हुई थी)

कब से दिल सहमा हुआ था
कब से इक चुप–सी लगी थी
बात करने से भी डर लगता था
कब से इक बार समाअत[1] थी हँसी बच्चों की
दिल को घेरे हुए रहते थे शक और वहम

अचानक आज ये मग़रिब[2] से चली कैसी हवा
आज मिट्टी से उठा कैसा लहू–रेज़ ग़ुबार
जाबजा सर को पटकता हुआ दीवानावार
शहर के कूचा–ओ–बाज़ार में बलखाता हुआ
राहगीरों से लिपटता हुआ, चकराता हुआ
बन्द दरवाज़ों पे देता हुआ पागल दस्तक
किसी परचम[3] की तरह शहर पे लहराता हुआ

आज अन्देशों से यकलख़्त[4] मुझे छोड़ दिया

यक–ब–यक आज, मेरे दिल से मिटा ख़ौफ़–ओ–हिरास
आज सीने में भड़कती है अजब ख़ून की प्यास
इक बगूले की तरह रक़्स[5] को जी चाहता है

ग़म–ओ–अंदोह[6] से पामाल–ओ–शिकस्ता–तन[7] हो
आओ ऐ हमवतनो! रक़्स करो, रक़्स करो
ग़ैब[8] का रक़्स, बिखरते हुए पिन्दार[9] का रक़्स
रंज–आ–रुसवाई का, उम्मीद–ए–निगूँसार का रक़्स
पैरहन चाक करो मस्तहत–अन्देशी[10] का
अपने अश्कों की बरसती हुई बौछार में आओ
ये झिझकते हुए बाज़ू तो हवा में लहराओ
जिस्म को रक़्स के गिरदाब[11] में चकराने दो

शहर–दर–शहर जो हम रक़्स में लहरायेंगे
हलक़ा–दर–हलक़ा भँवर पड़ते चले जायेंगे

जिस्म–ओ–जाँ रक़्स करें नुत्क़–ओ–ज़बाँ[12] रक़्स करें
तिलमिलाता है लहू आज मेरी रग–रग में

---

1. सुनना, 2. पूर्व दिशा, 3. ध्वज, झण्डा, 4. अचानक, 5. नृत्य, नाच, 6. दुख–दर्द, 7. पराजित व निराश, 8. अदृश्य, 9. स्वाभिमान, 10. भलाई चाहना, 11. चक्कर, बवण्डर, 12. वाणी और जीभ।

मेरे और तुम्हारे बीच

मेरे और तुम्हारे बीच
इस नीली चादर के सिवा कुछ भी तो नहीं
फिर ये अकेला कुहरा[1] मेरे दिल पर कैसे उतर रहा है
ये गहरा सन्नाटा क्या है
हर लम्हा क्यों सिमट रहा है
जो कुछ मेरे दिल में है वो रस्मों के रिश्ते से वरा[2] है
रस्मों का ये रिश्ता दीवारों से हमको झाँक रहा है
गहरा साँस नहीं ले सकती
मैं बेचैन हुई जाती हूँ

---

1. कोहरा, 2. विवाहित।

भीगी काली रात की बेटी

उसकी आग़ोश में कितनी गर्मी है
मैं किस तरह उसकी आग़ोश को छोड़ दूँ
उसके होंठों की मानूस[1] ख़ुशबू मुझे कर चुकी है असीर[2]
उसको मालूम क्या
मेरे कमरे के बाहर बहुत ज़ोर से
मेरी खिड़की पे सर को पटकती हुई
चल रही है जो सरमा[3] की तीखी हवा
घिर के उमड़ी चली आ रही है जो पच्छिम से काली घटा
घोर अँधेरे से सीने में गूँजी है जो
बूँदों की सदा[4]
उनसे बचपन का मेरा बड़ा साथ था

---

1. परिचित, 2. बन्दी, 3. जाड़े का मौसम, 4. आवाज़।

लोरी

अरी तेरा चाँद–मुखड़ा
मिरी जान का यह टुकड़ा
देखती ही जाऊँ री
नयन में बसाऊँ री

तुझको अपनी बाँहों का झूलना झुलाऊँ री
कलेजे लगाऊँ री

सुन री मेरी नयनतारा
तेरी माँ का जीवन सारा
आँसुओं की बहती धारा
गुज़रता चला गया
उसी निथरे जल का है यह कटोरा भरा हुआ
फूल–हाथ, कँवल–पाँव इसी से धुलाऊँ री
नयन से लगाऊँ री

दुखी जीवन रोते–रोते, तुझे देख आँसू रोके
खिलखिलाकर हँस पड़े
मिरी सहमी ममता को तुझ पे मान हैं बड़े

लगे कल की बात मुझको
याद है वह रात मुझको
तूने जब जन्म लिया

रात थी वह बड़ी ही काली
पीड़ा तड़पाने वाली
पर तिरी हुँकार सुनकर दिया–सा था जल गया
प्यार से प्यारे अंग तेरे
ताज़ा–ताज़ा हरे–भरे
चूमने न पाऊँ री
काँप–काँप जाऊँ री

जानती हूँ मेरे द्वार खड़ा एक भेड़िया
खा रहा मेरी जवानी, ख़ून मेरा पी रहा
भेड़िया, जो धन ने पाला
जग पे राज करने वाला
हमको जुग–जुग का श्राप

जिसके कारण इस नगर में
सोचना इक दोष ठहरा
प्यार करना–महापाप

आदमी की आत्मा का ख़ून इसके मुँह लगा है
तेरी बाट तक रहा है
रैन सो न पाऊँ री
जागती ही जाऊँ री
सुन री मेरी कोख–जाई
यह नगर अन्याय का है
गुण तुझे सिखाऊँ क्या

आती–जाती नारियों ने
बूटे काढ़े जाली–जाली
परोसी थी थाली–थाली
खा गया जो भेड़िया

आज हर रसोई ख़ाली
तुझे मैं दिखाऊँ क्या
गुण तुझे सिखाऊँ क्या–!

तुझे जब मैं गोद में लूँ
समय की पुकार सुनूँ
बड़ी हाहाकार सुनूँ
रण की ललकार सुनूँ
यही बार–बार सुनूँ
तिरा गुण है 'वीरता'

सुन मिरी नन्हीं–सी जान
ये ज़मीं ये आसमान
सुख की सारी आन–बान
मण्डियों में भरा धान

जब तलक हमारा नहीं
चैन से गुज़ारा नहीं
किसी का सहारा नहीं
कोई और चारा नहीं

भेड़िये से नहीं डरना
मिरी जान! जम के लड़ना
कभी मत होना निराश

वीरता सिखाऊँ तुझको
शेरनी बनाऊँ तुझको
डर न फटके आसपास

सुन मिरी नन्ही–नवेली
नहीं होगी तू अकेली
संग होंगे बाँह–बेली
तिरे संगी, तिरे मीत
तिरे साथ–साथ होंगे
हाथ में कई हाथ होंगे
यही मेरी एक आस!

बदने-दरीदा

सरसराने दो ज़रा रात के इस रेशम को
इसमें मल्फ़ूफ़[1] किसी अहद[2] की इक लाश भी है
रात जो जुर्म[3] भी है, जुर्म की पादाश[4] भी है
रात पानी की तरह सर से मिरे बहती है
मिरे बालों से टपकती हुई बूँदें जैसे
मिरे शानों[5] से ढुलकती हुई गिरती जायें
बन्द होने लगीं आँखें वो नशा तारी[6] है

हाँ, दहन[7] में है मिरे ज़ाइक़ा[8] उन बोसों[9] का
जिनको चखने से भी इनकार किया था दिल ने
मिरी रग–रग में वो सय्याल[10] रवाँ है अब तक
जिससे बच जाने पे इसरार[11] किया था दिल ने

मिरे अतराफ़[12] पतंगों की तरह उड़ते हैं
मिरे बोसे, वो मिरे झूठ से बोझिल बोसे
ख़ून की छींटे उड़ाते हुए घायल बोसे
कब की वो कशमकशे–ज़हनो–ज़बाँ[13] ख़त्म हुई
इक तड़प बाक़ी थी, सो दुश्मने–जाँ[14] ख़त्म हुई

अब तो वो मेरी थकावट भी मुझे छोड़ चुकी
इक सियह[15] लहर बहाये लिए जाती है मुझे
ख़ूँ रवानी से बदन छोड़ रहा हो जैसे
नींद है, मौत है या ये कोई बेहोशी है
अब तो हर साँस दमे–बाज़ पसीं[16] लगती है

---

1. लिपटी हुई, 2. समय, दौर, 3. अपराध, 4. प्रतिकृति, 5. कन्धों, 6. हावी, छाया हुआ, 7. मुँह, 8. स्वाद, 9. चुम्बनों, 10. द्रव्य, 11. आग्रह, 12. चारों तरफ़, 13. कहने तथा सोचने का परस्पर द्वन्द्व, 14. जान की दुश्मन, 15. काली, 16. मृत्यु के समय की साँस।

इश्क़, तुम जिसकी तमन्नाई थीं

इश्क़[1], तुम जिसकी तमन्नाई[2] थीं
किसी फ़िरदौस[3] का ख़ुश–रंग[4] परिन्दा तो न था
ये है तारीख़ से पहले का वो अन्धा इफ़्रीत[5]
जो मिरे जिस्म में दर[6] आया है
ये दरिन्दा जो मेरे जिस्म की दीवारों को
अपने आलूदा–ओ–नम[7] हाथों से सहलाता है
अन्धे हाथों से जो हर लहज़ा मुझे छूता है
गर्म साँसें जो शबो–रोज़[8] भरे जाता है
भारी पैकर[9] बहुत आहिस्ता से जुम्बाँ[10] है मगर
मुझको मालूम है किस जुस्त[11] की है उसमें तड़प
बड़ी मुहतात[12], बहुत आहिस्ता
उँगलियाँ फेर रहा है कि निशाँ पाये कोई
ढूँढ़ता है कोई दरवाज़ा, कोई राह मिले

---

1. प्रेम, 2. इच्छुक, 3. स्वर्ग, 4. आकर्षक, 5. दैत्य, 6. घुस, 7. सने हुए व गीले, 8. रात–दिन, 9. शरीर, 10. कम्पायमान, 11. तलाश, खोज, 12. सावधानीपूर्वक।

आज शब

आज शब[1] मैं नींद पर पहरा दूँगी
चन्द यादों, चन्द अन्देशों[2] की संगीन कन्धे पर उठाये
'जागते रहना' की आवाज़ें लगाती
सुबह–दम[3] तक
शहर की गलियों में आवारा न घूमूँगी
कि
मैं गहरे नशे में हूँ
मिरा बिस्तर बुलाता है मुझे
नींद, ऐ महबूब[4] नींद
कब से तू मुझसे ख़फ़ा है और मैं तुझसे ख़फ़ा हूँ
कौन–सी मंज़िल पे छूटा साथ अपना
कौन जाने
सब गिले–शिकवे भुलाकर आज आती है
जो आजा
आज मैं लेटूँगी तेरे बाज़ुओं में
ये इजाज़त दे कि दिल की बात कह दूँ
ये इजाज़त दे कि मैं ख़ुद को करूँ तेरे हवाले
अपना बोझा तोड़ता है जान मेरी
मेरी बेदारी[5] का पेचीदा[6] शिकंजा
ज़हन[7] पर हर दम कसा जाता है
आजा

---

1. आज रात, 2. आशंकाओं, 3. प्रातःकाल प्रिय, 5. जागृति, 6. उलझावदार, 7. मस्तिष्क।

इक लम्हा-ए-इर्फ़ान[1]

दोस्तो, मुझको नहीं दावा–ए–पैग़ाम बरी[2]
हाँ, मगर कश्फ़[3] के लम्हात से गुज़री मैं भी
शब[4], अजब सहर के आलम[5] में मिरी आँख खुली
कि ज़ुबाँ पर थी मिरी मौत की सी बे–मज़गी[6]
चादरे–सर्द[7] पे इक ना'श की मानिन्द[8] थी मैं
इतना बोझिल था लहू, नब्ज़ बहुत मद्धम थी
उस घड़ी सर में न था दिन के ख़यालों का हुजूम[9]
मेरी साँसों में मिरी ज़ात[10] सिमट आयी थी
बाद–अज़–मर्ग[11] के पैमाँ[12] मिरे दिल में गूँजे
और उस लम्हे में उन सबकी ज़रूरत न रही
मैं कि वो नक़्श हूँ हर लम्हा मिटाता है जिसे
मिरा अंजाम[13] फ़ना[14] है तो चलो यूँ ही सही
सरसराहट थी फ़रिश्तों की न सरगोशी–ए–ग़ैब[15]
चन्द सूखे हुए पत्तों पे हवा हँसती थी
मैं भी औहाम[16] के असनामे–ख़याली[17] पे हँसी
और उसी नींद के सय्याल[1] में फिर डूब गयी
दिल में इक लम्हा–ए–इर्फ़ान की ताईद[2] लिए
दूसरे रोज़ मुलाक़ात की उम्मीद लिए...

---

1. द्रव्य, 2. पुष्टि।

शहर वालो सुनो

इस बुरीदा–ज़ुबाँ–शहर में[1] क़िस्सा–गो ख़ुश–बयाँ[2] आये हैं
शहर वालो सुनो! इस सराय में हम क़िस्सा–ख़्वाँ[3] आये हैं

शहरे–मासूम के साकिनो[4]! कुछ फ़साने हमारे सुनो
दूर देसों में होता है क्या, माजरे आज सारे सुनो
वो सियाह–चश्म[5], पिस्ता–दहन[6], सीम–तन[7] नाज़नीं औरतें
वो कशीदा बदन[8], सब्ज़ ख़त[9], ख़ुश–क़तअ माहिरो–नौजवाँ[10]
और वो जादूगरी उनकी तक़दीर की
वो तिलिस्मात, सरकार की नौकरी
एक अनोखा महल
जिससे गुज़रा तो हर शाहज़ादे का सर ख़ूक[11] का बन गया
दर्स–गाहों[12] में वो ख़ूक–दर–ख़ूक जाते हुए नौजवाँ
वो तबस्सुम–फ़िशाँ[13] उनकी पेशानियाँ[14] हाय खोयीं कहाँ
आज की आज में पीर[15] इतने हुए
ज़ोफ़[16] से उनकी मिज़गाँ[17] तलक झड़ गयीं
जिस्म क्या रूह तक झुर्रियाँ पड़ गयीं

और वो शाहज़ादियाँ
कच्ची उम्रों में जो सैर करने गयीं
बाग़ का वो समाँ

इश्क़ के फूल खिलते हुए दूर तक रेशमी घास में
वो फुसूँ–साज़ ख़ुशबू[18] भटकती हुई उनके अनफ़ास में[19]
अफ़सरों और शाहों की आग़ोश में

उनके निचले बदन कैसे पथरा गये

वो अजब मम्लुकत[20]
जानवर जिस पे मुद्दत से थे हुक्मराँ[21]
गो रिआया[22] को इसका पता तक न था
और था भी तो बेबस थे, लाचार थे
उनमें जो अहले–दानिश[23] थे, मुद्दत हुई मर चुके थे
जो ज़िन्दा थे बीमार थे
कुछ अजब अहले–फ़न[24] भी तो थे उस जगह
सामरी–सिहर[25] से रोग में मुब्तला[26]
ख़िलअते–शाह[27] थी उनकी वाहिद[28] दवा
बेशतर[29] क़ाबे–सफ़ल्तान[30] के ख़ोशा–चीं[31]
गीत लिखते रहे, गीत गाते रहे
अहदे–ज़रीं[32] के डंके बजाते रहे

किन जज़ीरों से उनकी रक़ाबत[33] रही
और काम आयी किस–किस की जादूगरी
शाह का जब खटोला उड़ाया तो फिर क्या हुई वो परी

जमअ करते थे हम एक रंगीं फ़साना, अजब दास्ताँ
आस्तीनों में दफ़्तर[34] निहाँ[35] लाये हैं
शहर वालो सुनो!

---

1. ब्रह्मज्ञान का एक पल, 2. पैग़म्बर होने का दावा, 3. अन्तर्ज्ञान, 4. रात को, 5. सम्मोहन की दशा, 6. कड़वापन, 7. सफ़ेद चादर, 8. शव की तरह, 9. विचारों का समूह, 10. शख़्सियत, 11. मृत्यु के पश्चात्, 12. वचन, प्रण, 13. अन्त, 14. नष्ट हो जाना, 15. ईश्वरीय कानाफूसी, 16. भ्रमों, 17. काल्पनिक प्रतिमाओं, 18. मायावी सुगन्ध, 19. साँसों में, 20. राज्य, सल्तनत, 21. शासक, 22. प्रजा, जनता, 23. विवेकवान, 24. कलाकार, 25. तान्त्रिक–विद्या, 26. रोगग्रस्त, 27. बादशाह का हटना, 28. एकमात्र, 29. अधिकांश, 30. बादशाह के भोजन–पात्र, 31. लाभ उठाने वाले चाटुकार, 32. स्वर्णकाल, 33. ईर्ष्या, 34. कॉपी, बही, 35. गुप्त, छुपाकर।

भरतनाट्यम

उठते हैं सुबुक एड़ियों के नर्म कँवल
नाज़ुक टख़ने से झाँझ टकराती है
गज–गामिनी, कामिनी कमर, लजाती छाती
मुस्काती है, शरमा के ठिठक जाती है
दो नैन इशारा करके झुक जाते हैं
मुस्कान से भीगे होंठ थर्राते हैं
खिलते हैं कँवल उँगलियों की जुम्बिश[1] में
बाँहों में धनक के क़ौस[2] ढल जाते हैं
ये जिस्म कि लहराती है इक नूर की मौज
धारा है नदी का कि लचकती है कमर
पेडू पर पड़ रही है इक सलवट–सी
या लहरें ले रहा है रस का सागर

गदराये[3] हुए आम के बाग़ों की महक
सावन में मेघ–रस की बूँदों की खनक
गेहूँ की बालियों का अध–कच्चा दूध
ऊदाहट[4] जामुनों की, मोरों की पुकार
पुरवाई के झोंकों में लचकता हुआ धान
भरतनाट्यम नाचती है नारी
अँगड़ाई लेकर जाग उठा हिन्दुस्तान

---

1. कपकपाहट, 2. इन्द्रधनुष, 3. अधपके, 4. रंगत।

पहली बार

पहली बार
प्यार के बाद
इक–दूजे की बाँहों में
अपने दिमाग़ और बदन की उरयानी[1] के आईना–ख़ाने[2] में
इतने निहत्थे!
इतने नाज़ुक
साँस झिझक कर लेते हैं
काँच के पुतले टूट न जायें

---

1. नग्नता, 2. दर्पण–गृह।

साहिल की एक शाम

ज़ाईदा–ए–बह्र[1] एक बच्चा
साहिल[2] पर सर–निगूँ[3] खड़ा है
वह तुमसे मेरी हम–किनारी[4]
हैरान आँखों से देखता है

इतना हैरान, इतना तनहा
बे–ख़ानुमाँ–सा[5], यह एक बच्चा
जिसका कोई घर नहीं है
जिसकी वारिस[6] ज़मीं नहीं है
जैसे झूठी ग़िज़ा[7] का दोना
साहिल पर कहीं पड़ा हुआ है
जैसे गीली हवा की ज़द में[8]
मैले काग़ज़ का इक टुकड़ा

यह तिफ़्ल[9], समन्दरों का जाया
मोती की तरह ज़मीं पे आया
कंकर की तरह है ठोकरों में
साहिल की संग–दिल[10] हवा में
कैसा ज़हराब[11] बह रहा है
यह इस ज़हराब को पियेगा
यह इस ज़हराब पर जियेगा

इसके सूखे लबों पर
लहरों के नमक का ज़ाइक़ा

बस रेत लिपट सकी है इससे
बस लम्स[12] हवा का जानता है
वह तुमसे मेरी हम–किनारी
बुझती आँखों से देखता है
जानाँ[13], मिरा हाथ हाथ में लो
है इसके लबों पर आने वाली
जीने से ज़्यादा तल्ख़[14] गाली
गाली जो राख बन गयी है
होंठों पर ही बिखर गयी है

इस राख में कोई शरर[15] है
शायद शोला भड़क ही उठे
शायद किसी शाम साहिलों पर
लग जाये मश्अलों[16] का मेला
शायद ये समन्दरों के जाये
मिट्टी से ख़िराजे–ज़ीस्त[17] माँगें

---

1. समुद्र से उत्पन्न, 2. तट, 3. नतमस्तक, 4. आलिंगन की स्थिति, 5. बेघर–सा, 6. उत्तराधिकारी, 7. भोजन–सामग्री, 8. चपेट में, 9. बच्चा, 10. पत्थरदिल, 11. विष, 12. स्पर्श, 13. प्रिय, 14. कड़वी, 15. चिन्गारी, 16. मशालों, 17. जीवन का मूल्य।

ग़ज़लें

ये किसके आँसुओं ने उस नक़्श को मिटाया

ये किसके आँसुओं ने उस नक़्श को मिटाया
जो मेरे लौह–ए–दिल[1] पर तूने कभी बनाया

था दिल जब उस पे माइल था शौक़ सख़्त मुश्किल
तर्ग़ीब[2] ने उसे भी आसान कर दिखाया

इक गर्द–बाद में तू ओझल हुआ नज़र से
इस दश्त–ए–बे–समर से जुज़[3] ख़ाक कुछ न पाया

ऐ चोब–ए–ख़ुश्क–ए–सहरा[4] वो बाद–ए–शौक़ क्या थी
मेरी तरह बरहना[5] जिसने तुझे बनाया

फिर हम हैं नीम–शब[6] है अन्देशा–ए–अबस है
वो वाहिमा कि जिससे तेरा यक़ीन आया

---

1. दिल की स्लेट, 2. जुनून, उत्साह, 3. सिवाय, 4 रेगिस्तान की सूखी डाली, 5. नग्न, 6. आधी रात।

चार-सू है बड़ी वहशत का समाँ

चार–सू[1] है बड़ी वहशत का समाँ
किसी आसेब[2] का साया है यहाँ

कोई आवाज–सी है मर्सिया–ख़्वाँ
शहर का शहर बना गोरिस्ताँ[3]

एक मख़्लूक़ जो बस्ती है यहाँ
जिस पे इंसाँ का गुज़रता है गुमाँ

ख़ुद तो साकित है मिसाल–ए–तस्वीर
जुम्बिश–ए–ग़ैर से है रक़्स–कुनाँ[4]

कोई चेहरा नहीं जुज़ ज़ेर–ए–नक़ाब
न कोई जिस्म है जुज़ बे–दिल–ओ–जाँ

उलमा[5] हैं दुश्मन–ए–फ़हम–ओ–तहक़ीक़[6]
कोदनी शेवा–ए–दानिश–मन्दाँ

शाइ'र–ए–क़ौम पे बन आयी है
किज़्ब कैसे हो तसव्वुफ़ में निहाँ

लब हैं मसरूफ़–ए–क़सीदा–गोई
और आँखों में है ज़िल्लत उर्यां[7]

सब्ज़ ख़त आक़िबत–ओ–दीं के असीर
पारसा ख़ुश–तन–ओ–नौ–ख़ेज़ जवाँ

ये ज़न–ए–नग़्मा–गर–ओ–इश्क़–शिआ'र
यास–ओ–हसरत से हुई है हैराँ

किससे अब आरज़ू–ए–वस्ल करें
इस ख़राबे में कोई मर्द कहाँ

---

1. चारों तरफ़, . प्रेत, 3. श्मशान, 4. नृत्यशील, 5. विद्वान, 6. जाँच व खोज के दुश्मन, 7. नग्न।

ये पैरहन जो मिरी रूह का उतर न सका

ये पैरहन जो मिरी रूह का उतर न सका
तो नख़–ब–नख़ कहीं पैवस्त रेशा–ए–दिल था

मुझे मआल–ए–सफ़र का मलाल क्यूँ–कर हो
कि जब सफ़र ही मिरा फ़ासलों का धोका था

मैं जब फ़िराक़ की रातों में उसके साथ रही
वो फिर विसाल के लम्हों में क्यूँ अकेला था

वो वास्ते की तिरा दरमियाँ भी क्यूँ आये
ख़ुदा के साथ मिरा जिस्म क्यूँ न हो तन्हा

सराब हूँ मैं तिरी प्यास क्या बुझाऊँगी
इस इश्तियाक़ से तिश्ना ज़बाँ क़रीब न ला

सराब हूँ कि बदन की यही शहादत है
हर एक उज़्व में बहता है रेत का दरिया

जो मेरे लब पे है शायद वही सदाक़त है
जो मेरे दिल में है उस हर्फ़–ए–राएगाँ पे न जा

जिसे मैं तोड़ चुकी हूँ वो रौशनी का तिलिस्म
शुआ–ए–नूर–ए–अज़ल के सिवा कुछ और न था

कभी धनक-सी उतरती थी उन निगाहों में

कभी धनक–सी उतरती थी उन निगाहों में
वो शोख़ रंग भी धीमे पड़े हवाओं में

मैं तेज़–गाम[1] चली जा रही थी उसकी सिम्त[2]
कशिश अजीब थी उस दश्त[3] की सदाओं में

वो इक सदा जो फ़रेब–ए–सदा से भी कम है
न डूब जाये कहीं तुन्द–रौ[4] हवाओं में

सुकूत–ए–शाम[5] है और मैं हूँ गोश–बर–आवाज़[6]
कि एक वादे का अफ़सूँ[7]–सा है फ़िज़ाओं में

मिरी तरह यूँ ही गुम–कर्दा[8] राह छोड़ेगी
तुम अपनी बाँह न देना हवा की बाँहों में

नुकूश[9] पाँव के लिखते मंज़िल–ए–ना–याफ़्त[10]
मिरा सफ़र तो है तहरीर मेरी राहों में

---

1. तेज़–क़दम, 2. तरफ़, 3. रेगिस्तान, 4. गतिशील, 5. शाम की चुप्पी, 6. आवाज़ पर कान धरे हुए, 7. जादू, 8. खोयी हुई, 9. निशान, 10. कभी न मिलने वाली मंज़िल।

पत्थर से विसाल माँगती हूँ

पत्थर से विसाल माँगती हूँ
मैं आदमियों से कट गयी हूँ

शायद पाऊँ सुराग़–ए–उल्फ़त
मुट्ठी में ख़ाक भर रही हूँ

हर लम्स[1] है जब तपिश से आरी[2]
किस आँच से यूँ पिघल रही हूँ

वो ख़्वाहिश–ए–बोसा[3] भी नहीं अब
हैरत से होंठ काटती हूँ

एक तिफ़लके–जुस्तजू[4] हूँ शायद
मैं अपने बदन से खेलती हूँ

अब तबअ[5] किसी पे क्यों हो राग़िब[6]
इन्सानों को बरत चुकी हूँ

छूटी वस्ल–ओ–फ़िराक़ से मैं
अनजान डगर पे चल रही हूँ

क्यों खोट है मेरी ज़िन्दगी में
मैं उसका जवाब दे रही हूँ

क्यों झूठे हैं मेरे शब–ओ–रोज़[7]
मैं उनका जवाज़[8] बन गयी हूँ

हाँ मेरे ख़मीर[9] में कजी[10] थी
अब ख़ुश हूँ कि अब भटक रही हूँ

इस गिरिया–ए–ज़ार[11] पर न जाओ
मैं दिल ही दिल में हँस रही हूँ

वो राज़ जिसे न खोल पाऊँ
मैं ऐसा राज़ चाहती हूँ

कब होगा ख़त्म ये तमाशा
इतन कुछ तो बता चुकी हूँ

---

1. स्पर्श, 2. रिक्त, विहीन, 3. चुम्बन की इच्छा, 4. जिज्ञासु बच्चा, 5. तबीयत, 6. फ़िदा, सम्मोहित, 7. दिन–रात, 8. औचित्य, 9. बनावट, 10. टेढ़ापन, मिलावट, 11. विलाप।

जो मुझमें छुपा है, मेरा गला घोंट रहा है

जो मुझमें छुपा है, मेरा गला घोंट रहा है
या वो कोई इबलीस[1] है या मेरा ख़ुदा है

जब सर में नहीं इश्क़ तो चेहरे पे चमक है
ये नख़्ल[2] ख़िज़ाँ[3] आयी तो शादाब[4] हुआ है

क्या मेरा ज़ियाँ[5] है जो मुक़ाबिल तेरे आ जाऊँ
ये अम्र[6] तो मालूम कि तू मुझसे बड़ा है

मैं बन्दा–ओ–नाचार कि सैराब[7] न हो पाऊँ
ऐ ज़ाहिर–ओ–मौजूद मेरा जिस्म दुआ है

हाँ उसके तआकुब[8] से मेरे दिल में है इनकार
वो शख़्स किसी को न मिलेगा, न मिला है

क्यों नूर–ए–अबद[9] दिल में गुज़र कर नहीं पाता
सीने की सियाही से नया हर्फ़[10] लिखा है।

---

1. शैतान, 2. वृक्ष, पेड़, 3. पतझड़, 4. खिला हुआ, 5. नुक़सान, 6. सत्य, तथ्य, 7. तृप्त, 8. पीछा करना, 9. अनन्त प्रकाश, 10. शब्द।

मुज़्दा कि जाने-सोख़्ता पाने लगी नयी जिला

मुज़्दा[1] कि जाने–सोख़्ता पाने लगी नयी जिला[2]
ज़ौक़–ए'–फ़ुसुर्दा[3], आतिश–ए–रश्क[4] से फिर सुलग उठा

फिर वही कैफ़–ए–ख़्वाब था, फिर वही ज़हर की महक
एक सियाह नाग–सा दिल पे तमाम शब[5] फिरा

मेरे लहू में हैं अजब राज़ की सरसराहटें
कौन है मेरा राज़दाँ, तुझसे जो हम–किनार[6] था

फ़ासला है ब–क़द्र–ए–शौक़[7] पेश–ए–नज़र है रहगुज़र
फिर वो किनारा–ए–उफ़ुक़[8] पाओं को खींचने लगा

❑❑

---

1. ख़ुशख़बरी, 2. रौशनी, चमक, 3. हताश प्रेम, 4. ईर्ष्या की अग्नि, 5. रात, 6. संलग्न, 7. प्रेम के अनुसार तीव्र, 8. क्षितिज की सीमाएँ।

रख़्शंदा जलील लेखक, अनुवादक, आलोचक और साहित्यिक इतिहासकार हैं। इनके अनेक अनुवाद संकलन, बौद्धिक आलेख व पुस्तकें प्रकाशित हुई हैं। इन्होंने 'प्रोग्रेसिव राइटर्स मूवमेंट एज़ रिफ़्लेक्टेड इन उर्दू' पर पीएच.डी. की है जिसे ऑक्सफ़ोर्ड यूनिवर्सिटी प्रेस ने प्रकाशित किया है।

स्त्रीवादी लेखिका डॉ. रशीद जहाँ की आत्मकथा, प्रेमचन्द, फणीश्वरनाथ 'रेणु', शहरयार, कृश्न चन्दर और इन्तिज़ार हुसैन की लघुकथाओं, शायरी और उपन्यासों का अनुवाद किया है। इनका निबन्ध संग्रह 'इनविज़िबल सिटी' जोकि दिल्ली के प्रसिद्ध स्मारकों पर आधारित है, पाठकों द्वारा पसन्द किया गया है।

आप 2002 से 'हिन्दुस्तानी आवाज़' संस्था चला रही हैं, जो हिन्दी-उर्दू साहित्य एवं संस्कृति को लोकप्रिय बनाने के लिए समर्पित है।